Rudolf Gerhardt

Endstation Leben

Das Ziel ist der Weg

Rudolf Gerhardt

ENDSTATION LEBEN

Das Ziel ist der Weg

Bildnachweis

Titel: istockphoto.com
Seite 8, 16, 22, 31, 38, 46, 54, 62, 73:
istockphoto.com

Impressum

Gerhardt, Rudolf
Endstation Leben
Das Ziel ist der Weg

ISBN 978-3-89436-580-6

Satz: CV Dillenburg
Umschlaggestaltung: provinzglück, Bad-Endbach,
www.provinzglueck.com
Druck: GGP Media GmbH, Pößneck

Printed in Germany

Inhalt

Vorwort

Tennessee Williams Bühnenstück „Endstation Sehnsucht“ wurde 1947 in New York uraufgeführt und erlebte 1951 eine grandiose Verfilmung.

Es ist die Geschichte einer jungen Frau aus aristokratischem Hintergrund, die alles verliert: Wohlstand, gesellschaftliche Stellung, ihren Beruf als Lehrerin. Der Absturz ist vorprogrammiert. Realität und Illusion verschwimmen, und die tiefe Sehnsucht der jungen Blanche scheitert letztlich am Leben und endet in einer Katastrophe. Im Grunde ist dieses Gesellschaftsdrama eine Frage nach dem Leben selbst. Es deckt Nöte und Schwächen auf, ohne uns jedoch die wirklichen Fragen zu beantworten.

Leben ist letztlich Sehnsucht. Sehnsucht nach Erfüllung und Geborgenheit. Sehnsucht nach Sinn, Würde und Identität. Sehnsucht nach einem glücklichen Ende. Aber unser Leben ist auch eingebunden in die raue Realität des Alltags und muss sich den Widerwärtigkeiten und dem alltäglichen Trott stellen. Es stellt uns die Fragen nach dem Sein und dem Sinn.

„Endstation Leben“ nimmt mit hinein in neun „alltägliche Fragen“ und möchte den Leser „re-ligare“ (latein., davon vermutl. abgeleitet: Religion), d.h. rückverbinden, zum Ursprung dessen, der das Leben geschaffen hat und unserem Leben Sinn, Halt und ein gutes Ende schenkt.

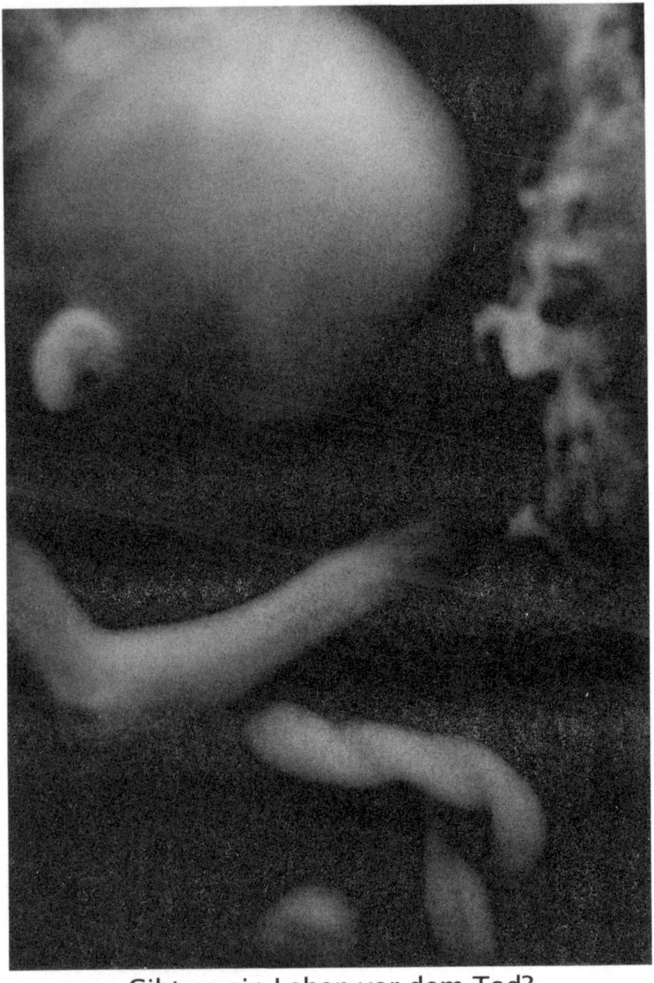

Gibt es ein Leben vor dem Tod?

Gibt es ein Leben vor dem Tod? Gibt es ein Leben vor dem Tod? Gibt es ein Leben

Sie haben richtig gehört! Die Fragestellung ist nicht verschoben. Es geht wirklich darum, ob es ein Leben vor dem Tod gibt. Wir wollen einmal der Frage nachgehen, ob unser Leben mehr ist als nur biologisches Funktionieren. Mehr als das Wissen um unsere bloße Existenz. Als Menschen stellt sich uns nun einmal die Fragen nach dem WOHER – WOZU – WOHIN? Und wir brauchen Antworten. Jesus Christus sagte einmal: *»Der Mensch lebt nicht vom Brot allein ...«* (Matthäus 4, Vers 4). Das heißt, er lebt nicht nur von der Befriedigung äußerer Bedürfnisse, sondern der Mensch hat auch einen tiefen Hunger nach Gott! Auch wenn vielen das so nicht bewusst ist. In der Frage nach wirklichem und wahren Leben müssen wir heraus aus den rein existenziellen Lebensweisen.

Die Aufschrift einer Postkarte, die mir jemand geschenkt hat, ist deshalb letztendlich frustrierend: »Das Leben ist simpel: Wir werden geboren, rennen hin und her, und eines Tages sind wir tot!«

Der Mensch, Sie und ich, sehnt sich im Tiefsten nach wirklich lebenswertem Leben. Nach etwas,

was von Bedeutung ist. Während vielen der Gedanke an den Tod zu schaffen macht, treibt andere eine viel tiefere Angst um – nämlich die, dass sie sterben könnten, ohne je gelebt zu haben. So verstehen wir auch die Aussage des großen römischen Politikers Marcus Tullius Cicero, der einmal gesagt hat: »Ich wünsche mir, dass wir alle jung sterben würden, damit wir nicht mehr erleben müssen, wie unsere Hoffnungen und Ideale an der harten Realität des Lebens zerbrechen!« Auch eine Art Lebensdevise. Der Liedermacher Wolf Biermann hat Recht, wenn er singt: »Das kann doch nicht alles gewesen sein. Da muss doch noch Leben ins Leben hinein!« Das Wort Lebensqualität macht heute schon die Runde. Die Frage ist nur: Wie wird sie gesellschaftlich definiert? Verbinden viele mit Lebensqualität nicht nur mehr Gehalt, mehr Urlaub und mehr freie Zeit? Natürlich ist das etwas Schönes, aber das sind eher Quantitäten als Qualitäten. Mehr Urlaub, Geld und Freizeit erheben unser Leben noch lange nicht zu einem sinnvollen Dasein. Denn dann würde der größte Prozentsatz von Menschen in unterentwickelten Gebieten dieser Welt völlig ohne Sinn leben. Unsere Sehnsucht nach wirklich tiefer Lebensqualität hat der Schöpfergott uns Menschen ins Herz gelegt. Gott, der den Menschen nicht nur das Leben gegeben hat, sondern selbst sogar das Leben ist. Wir sind vom Schöpfer auf Leben hin angelegt, das nicht nur unsere Existenz umfasst.

In einem interessanten Buch des Alten Testaments stellt ein Mann die Frage nach dem Leben. Dieser

Mann war nicht irgendjemand. König Salomo hatte einen scharfen Verstand und war dazu noch unbeschreiblich reich. Eine Kombination, um die ihn viele sicher beneideten. Aber die Frage nach wahrem Lebenssinn war trotzdem geblieben. Salomo merkte: Werte geben noch lange keinen Wert, der wirklich befriedigt und trägt.

Im zweiten Kapitel des Buches Prediger finden wir sieben Bereiche, in denen er das Leben finden wollte: Da war zuerst Freude und Heiterkeit. Wir lesen: *»Also sagte ich mir: Versuch fröhlich zu sein und das Leben zu genießen«* (Vers 1). Zweitens Alkohol: *»Da nahm ich mir vor, mich mit Wein zu berauschen und so zu leben wie die Unverständigen!«* (Vers 3). Drittens Reichtum und Besitz: *»Ich schuf große Dinge: Ich baute Häuser und pflanzte Weinberge. Ich legte Ziergärten und riesige Parks für mich an und bepflanzte sie mit Fruchtbäumen aller Art. Ich baute große Teiche, um den Wald mit jungen Bäumen zu bewässern. Ich erwarb Knechte und Mägde zu denen hinzu, die schon lange bei uns lebten und zu Zeiten meines Vaters in unserem Haus geboren wurden. Ich besaß größere Rinder- und Schafherden als alle, die vor mir in Jerusalem lebten. Meine Schatzkammer füllte ich mit Silber und Gold, mit Schätzen aus anderen Königreichen!«* (Verse 4–8a). Salomo versuchte auch durch die Kunst Lebenssinn zu erwerben: *»Ich ließ Sänger und Sängerinnen an meinen Hof kommen«* (Vers 8b). Auch auf dem Gebiet der Sexualität suchte er Lebensidentität: *»Ich hatte alle Frauen, die sich ein Mann nur wünschen kann!«* (Vers 8c). Salomo war auch ein angesehener Mann: *»So wurde ich berühmter und reicher als jeder, der vor mir in Jerusalem regiert hatte!«* (Vers 9). Und zum Schluss suchte dieser König das wahre Leben im Lebensgenuss: *»Ich gönnte mir alles, was meine Augen begehrten und erfüllte mir jeden Herzenswunsch!«* (Vers 10a) – so weit seine Lebensdevisen. Und wir können doch Salomo nur zustimmen, als er dann schrieb: *»Meine Mühe hatte sich gelohnt: Ich war glücklich und zufrieden!«* (Vers 10b). Aber später entpuppte sich das alles als Oberflächlichkeit ohne Tiefgang.

Kurt Tucholsky schrieb einmal: »Lasst uns das Leben genießen, solange wir es nicht begreifen!« Genau darum geht es. Was trägt, wenn wir zum Spielball des Schicksals werden? Was trägt, wenn die Arbeitslosigkeit an die Tür klopft? Was trägt, wenn der Ehepartner ein anderes Verständnis von Treue hat? Was trägt, wenn das Alter doch nicht der ersehnte Lebensabschnitt ist? Genau an diesem Punkt stand dieser Milliardär Salomo. Ich zitiere ihn: *»Da dachte ich nach über das, was ich erreicht hatte und wie hart ich dafür arbeiten musste, und ich erkannte: Alles war letztendlich sinnlos – als hätte ich versucht, den Wind einzufangen. Es gibt auf dieser Welt keinen bleibenden Gewinn!«* (Vers 11). Und wenn an diesem Punkt der Himmel verschlossen ist und die Sehnsucht nach Sinn nicht gestillt werden kann, wird es gefährlich! Hören wir, was Salomo weiter zu sagen hat: *»Da begann ich, das Leben zu verabscheuen, alles auf der Erde ist mir zuwider. Als ich das erkannte, begann ich zu* *verzweifeln!«* (Vers 17). Wenn ein Mensch von der Sinnlosigkeit seines Lebens eingeholt wird, von seiner Schuld, seinem Zu-kurz-Kommen, und er kann das nicht verarbeiten, hat kein Gegengewicht, das ihn trägt, und keinen Ort, wo er abladen und auftanken kann, dann ist ein solcher Mensch im Tiefsten selbstmordgefährdet!

Bitte verstehen Sie mich nicht falsch, aber ich wünschte, Sie würden genau an diesem Punkt stehen! Es würde mich freuen, wenn Sie wie der Psalmist in Psalm 42, Vers 3 jetzt ausrufen: *»Meine Seele dürstet nach Gott, nach dem lebendigen Gott!«* Ich dürste nicht nach einem Meditationsobjekt, nicht nach einem Diskussionsgegenstand, nicht nach einer wissenschaftlichen Alternative, nicht nach Religiosität. Ich dürste nach dem lebendigen Gott, nach dem, der mich wie kein anderer kennt, der jede Faser meines Lebens durchleuchtet, mich mit all meinen Versäumnissen und Versagen kennt, dem ich mein ganzes Leben und nicht nur den Restdurst meines Lebens bringen kann.

Suchen Sie dieses Leben, diesen Gott? Dann kann ich Ihnen Mut machen, denn dieser Gott ist uns in Jesus Christus ganz nahe gekommen. Dieser Gott ist bereits auf der Suche nach Ihnen und will sich von Ihnen finden lassen. Jesus Christus sagt: *»ICH bin der Weg, ICH bin die Wahrheit und ICH bin das Leben!«* (Johannes 14, Vers 6). ICH bin das Brot vom Himmel, das deinen Lebenshunger stillt (vgl. Johannes 6, Vers 35). Denn das Brot Gottes ist DAS (?) - nein DER (!), welcher aus dem Himmel herabkommt und der Welt das Leben gibt. Was ist zu tun? Ich möchte es beantworten mit einer Einladung von der letzten Seite der Bibel. Dort heißt es: *»Wen dürstet, der komme! Wer da will, nehme das Wasser des Lebens umsonst!«* (Offenbarung 22, Vers 17). Und wer ist das, der dort einlädt? Jesus Christus selbst, der bereits in Johannes 7, Vers 37, spricht: *»Wenn jemand dürstet, so komme er zu mir und trinke!«*

Bleiben Sie nicht nur bei der Akzeptanz dieses Lebensspenders stehen, sondern kommen und trinken Sie. Nehmen Sie Jesus Christus als bestimmende Mitte in Ihr Leben auf. Er führt Sie aus der Begrenztheit in die Weite, aus der Verlorenheit in die Rettung, aus der Lebenssuche in die Lebensidentität, aus der bloßen äußeren Lebensbefriedigung in den tiefen Frieden.

Was sagte der Herr Jesus? *Wer da will!* Auf diese drei kleinen Wörter konzentriert sich alles. Jeder Mensch ist in der Frage nach wirklichem Leben und ewiger Errettung sein persönlicher Entscheidungsträger. Wie reagieren Sie auf die Einladung Jesu?

Vergangenheit, die einholt!

Vergangenheit, die einholt!
Vergangenheit, die einholt!

In einem Buch las ich folgende Begebenheit, die sich vor einigen Jahren in den USA zugetragen hat:

Rebecca Thompson stürzte zweimal von der Fremont Canyon Bridge. Beide Male starb sie. Der erste Sturz brach ihr das Herz, der zweite das Genick. Sie war 18 Jahre alt, als sie und ihre 11-jährige Schwester von zwei Männern entführt wurden. Sie fuhren mit den Mädchen 65 Kilometer bis zur Fremont Canyon Bridge, die sich in 30 Meter Höhe über den North Plate River spannt. Die Kidnapper schlugen und vergewaltigten Rebecca auf brutale Weise. Irgendwie konnte sie die beiden Verbrecher davon abhalten, mit ihrer kleinen Schwester Amy in gleicher Weise zu verfahren. Doch dann warfen die Vergewaltiger die beiden Mädchen in das enge, tiefe Tal des Flusses. Die kleine Amy starb sofort durch den Aufprall auf einen Felsen am Fuß der Brücke. Doch Rebecca stieß an einen Felsvorsprung und wurde ins tiefe Wasser geschleudert. Obwohl ihre Hüfte mehrfach gebrochen war, kämpfte sie sich irgendwie ans Ufer und wartete darauf, dass der Tag anbrach.

Vergangenheit, die einholt!

Aber der Tag brach für Rebecca Thompson nie wieder an. Natürlich ging die Sonne auf, und sie wurde gefunden. Die Ärzte behandelten ihre Verletzungen und die Verbrecher wurden eingesperrt. Das Leben ging weiter, aber der Tag brach für Rebecca Thompson nicht mehr an. Die Finsternis ihrer Nacht, der Schrecken, wollte nicht mehr weichen. Es gelang ihr nicht, wieder aus dem Tal herauszuklettern.

Deshalb kehrte sie 19 Jahre später wieder zu jener Brücke zurück. Inzwischen war sie verheiratet und Mutter einer kleinen Tochter. Als Rebecca mit ihrer Familie bei der Brücke ankam, begann sie am Rand der Brücke zu weinen. Unter Schluchzen erzählte sie ihre Geschichte mit all den Nöten und inneren Problemen. Ihr Mann wollte nicht, dass das Kind seine Mutter so verzweifelt weinen sah, und brachte die Kleine zurück zum Auto. Da hörte er, wie ein

Körper in der Tiefe auf dem Wasser aufschlug. Es war der Moment, in dem Rebecca Thompson zum zweiten Mal starb.

Die Sonne ging nach Rebeccas finsterer Nacht nicht mehr auf. Warum? Was hatte das Licht ausgelöscht? *Angst* - vielleicht! Sie hatte gegen ihre Peiniger ausgesagt und sie im Gerichtssaal identifiziert. Einer der beiden Mörder hatte sie höhnisch angegrinst und war sich dabei mit dem Finger quer über die Kehle gefahren. Am Tag ihres Todes waren die beiden Männer bereits wieder zur Bewährung auf freiem Fuß. Vielleicht war die Angst vor einer zweiten Begegnung einfach zu groß. War es *Zorn*? Zorn auf die beiden Männer, die ihr junges Leben zerstört hatten? Zorn auf die unzähligen Stürze in den vielen Alpträumen? Oder vielleicht Zorn auf Gott, weil er das Schlimme nicht verhindert hatte und jene Schlucht immer tiefer und jene Nacht immer schwärzer wurde und weil der Morgen nie graute? Waren es *Selbstvorwürfe*? Selbstvorwürfe deshalb, weil *sie* überlebt hatte und ihre kleine Schwester Amy nicht? War es *Scham*? Alle Leute, die sie kannten, hatten die demütigende und tragische Geschichte bis in alle Einzelheiten gehört. Sie war gezeichnet, und die Druckerschwärze jeder neuen Schlagzeile brannte diese Zeichnung nur noch tiefer in sie ein. Sie war vergewaltigt, zutiefst verwundet und geschändet worden. Und so sehr sie auch versuchte, von der Erinnerung frei zu werden und vor ihr davonzulaufen - es gelang ihr nicht. Sie konnte die Vergangenheit nicht einfach abschütteln wie ein

Hund das Wasser aus seinem nassen Fell. Deshalb kehrte Rebecca Thompson 19 Jahre später zu jener Brücke zurück und starb zum zweiten Mal!

Eine dramatische Geschichte, die unter die Haut geht. Rebecca Thompson wurde immer wieder von ihrer Vergangenheit eingeholt und konnte sie nicht verarbeiten. Autofahrer wissen um den Nutzen ihres Rückspiegels, aber sie übersehen auch nicht die Gefahr, die sich damit verbindet – wenn sie den Blick nicht mehr aus dem Rückspiegel bekommen. Mit unserem Leben ist es nicht anders. Wie viele Menschen bekommen nicht mehr den Blick aus dem Rückspiegel ihres Lebens weg. Vergangenheit wird wie eine alte Suppe immer wieder aufgewärmt. Vergebenes wird in gewissen Situationen als Waffe gegen den anderen benutzt, und es zeigt sich, dass Vergeben nicht unbedingt auch Vergessen ist. Der römische Philosoph und Dichter Seneca, der von 4 v. Chr. – 65 n. Chr. lebte, hatte einfach Unrecht, als er schrieb: »Du warst einmal nicht und wirst einmal nicht mehr sein; beides ist gleich. Vergangenheit und Zukunft gehen uns nichts an!« Ein solches Leben, das einfach Vergangenheit und Zukunft ausblendet und sich nur auf die Gegenwart konzentriert, geht am eigentlichen Leben vorbei.

Ich möchte ein Wort Gottes aus dem Buch des Predigers der Aussage Senecas entgegenstellen. Wir finden es in Kapitel 3, Vers 15: *»Gott holt wieder hervor, was vergangen ist!«* Vielleicht ängstigt Sie eine solche Aussage? Wer will schon, dass alles aus seinem Leben noch einmal hervorgeholt wird?

Alles, was verdrängt, beschönigt oder auch vergessen wurde? Die Bibel sagt sogar, dass wir Rechenschaft abgeben müssen über jedes unnütze Wort, das wir einmal geredet haben. Ein fürchterlicher Gedanke – finden Sie nicht?

Die Bibel fordert uns zu einer realistischen Sicht unseres Lebens auf. Aber für diese realistische Sicht bedarf es eines Maßstabes. Wir kennen doch alle diese Situationen, in denen unsere Sicht und unser eigenes Beurteilen durch verschiedene Dinge oder Umstände vernebelt wird. Wo wir einfach nicht realistisch beurteilen. Die Frage ist letztlich, ob wir bereit sind, uns der Autorität und Beurteilung Gottes zu unterstellen? Erlauben wir Gott, den absoluten Maßstab seines Wortes an unser Leben anzulegen? Auf den Punkt gebracht: Sind wir bereit ohne Wenn und Aber anzuerkennen, dass wir mit unserer Vergangenheit und unserem jetzigen Leben nicht vor Gott bestehen können? Aus diesem Blickwinkel und diesem eigenen Erkennen heraus lässt uns Gott dann nicht im Regen stehen, sondern bietet uns elementare Hilfe an. Trotz unserer unbewältigten Vergangenheit, die vielleicht unser Leben im Hier und Jetzt einengt und begrenzt, im Erkennen unserer egoistischen Lebensweise – die Bibel nennt es Sünde – begegnen wir dem Gekreuzigten. Hier laufen alle Fäden zusammen. Hier wird unsere Schuld sichtbar und öffentlich zur Schau gestellt. Der ans Kreuz geschlagene Christus lässt uns die Abartigkeit unserer Sünde erahnen. Im Fadenkreuz des Gerichtes Gottes hängt der Sohn Gottes. Und Gott lässt seinen geliebten Sohn das abscheuliche Gericht treffen, das eigentlich wir Menschen verdient hätten. Stellvertretung nennt man das. Er – für uns! Und in dieser Tatsache finden wir die zweite Botschaft des Kreuzes. Dieses Reden Gottes am Kreuz kann komprimiert und in einem Wort zusammengefasst werden: LIEBE! *»Gott war in Christus und versöhnte die Welt mit sich selbst«*, schreibt Paulus in 2. Korinther 5, Vers 19. Und diese göttliche Liebe, die in der Person Jesu am Kreuz in Aktion ist, lädt Sie jetzt persönlich ein! Wahre Liebe erweist sich im Tiefsten erst in der Gegenliebe. Vielleicht fragen Sie jetzt: »So einfach ist das?« Ich antworte Ihnen: »Ja, so einfach ist das!« Unsere Gegenliebe auf das Handeln Gottes in Jesus Christus zeigt und beweist sich in der Erkenntnis und dem Bekenntnis der eigenen Schuld und der bedingungslosen Lebensübergabe an *den*, der für unsere Schuld starb: JESUS CHRISTUS! Allein in Jesus können wir unsere Vergangenheit bewältigen – unsere Gegenwart sinnvoll und gottgemäß gestalten und unserer Zukunft befreit und hoffnungsvoll entgegengehen!

Tagaus, tagein immer der gleiche Trott! Tagaus, tagein immer der gleiche Trott! Tagaus

Es gibt von Walter Foss eine tragikomische Geschichte, die damit beginnt, dass sich eine Kuh von ihrer Weide aus selbst auf den Heimweg in ihren Stall macht. Sie nimmt den Weg quer durch Wiesen und Sträucher, trabt durch Gebüsch und Wald. Sie hinterlässt eine Spur mit zufälligen Biegungen und Kurven, ohne Sinn. Am nächsten Tag streunt ein Hund durch die Gegend und folgt dem vorgegebenen Pfad, den die Kuh gegangen ist. Wenig später kommt eine Schafherde des Weges. Der Leithammel trottet voran, die Herde folgt, wie es sich gehört.

Der Pfad, den die Kuh zufällig gebahnt hatte, wurde zu einem festen Weg. Jahrhunderte gingen Menschen diesen Weg und schimpften, weil er so unsinnige Kurven machte und eine Entfernung von einem Kilometer unnötigerweise auf zwei ausdehnte. Schließlich wurde aus dem Weg sogar eine Straße, die die Reisenden Tag für Tag wegen des Umweges unnötige Zeit kostete. Am Ende seiner Geschichte stellt Foss eine Analogie zum menschlichen Denken und Leben her. Er resümiert, dass wir Menschen uns oft in unserem Denken und

Handeln auf den ausgetretenen Pfaden der Vergangenheit bewegen, ohne sie einer kritischen Prüfung zu unterziehen.

Tagaus, tagein immer der gleiche Trott!

Der Mensch ist in der Tat ein Gewohnheitstier. Vieles in unserem Leben ist eine Aneinanderreihung von Wiederholungen. In manchen Bereichen ist das natürlich auch positiv. Denken wir ans Autofahren: Ein Fahranfänger muss sich auf alle Vorgänge noch genau konzentrieren, während bei einem geübten Fahrer alles wie selbstverständlich abläuft. Ich denke an die Hausfrauen und Mütter, deren tägliche Wiederholungen aus immer wiederkehrenden Arbeitsvorgängen bestehen. Anlässlich einer goldenen Hochzeit habe ich die Ehefrau gefragt, ob sie ihren Mann vor 50 Jahren immer noch geheiratet hätte, wenn sie im Vorfeld folgende nüchterne Zahlen gewusst hätte: Allein für ihren Ehemann hat sie in den 50 Jahren ihrer Ehe ca.

36.500 einzelne Socken gewaschen, 18.250 Mal für ihn gekocht, ca. 52.700 Teller abgewaschen und sage und schreibe 50.000 Meter das Bügeleisen nur über seine Hemden gekurvt. Eine stolze Leistung, verbunden mit ständigen Wiederholungen. Auch wenn diese Tätigkeiten aus Liebe und Pflichtbewusstsein heraus getan werden, gibt es Zeiten, da belastet diese Monotonie des Alltags. So sind Frauen auch froh, wenn die Kinder aus dem Gröbsten raus sind und sie dann stundenweise ihrem früheren Beruf nachgehen können.

Gerade in einer Ehe kann sich eine lähmende Monotonie einschleichen, die fatale Folgen hat. Eine Frau sagte mir einmal: „Eigentlich funktioniere ich in unserer Ehe einfach nur." Wie viele Betroffene gibt es, die nicht unbedingt offensichtlich aus ihrer Ehe ausgestiegen sind, die sich aber längst innerlich davon distanziert haben. Die Selbstmordrate gerade bei älteren Menschen, die aus dem Arbeitsleben ausgeschieden sind, nimmt zu. Ehen werden selbst nach 40 oder sogar 50 Jahren geschieden, weil das Paar mit dem Rentenalter nicht umgehen kann und mit dem neuen Lebensabschnitt völlig überfordert ist. Es ist wirklich schlimm, wenn Menschen in ihrem Alter so festgefahren sind, dass sie sich keiner neuen Situation mehr stellen können und ihr Verhalten keine Veränderung mehr erleben kann. Menschen, an denen das Leben über Jahrzehnte einfach nur vorbeiläuft. Der Psychologe Wilhelm Marsten hat über 3000 Menschen nach ihrem Lebenssinn befragt. Der Ergebnis war schockierend. Über 94 % sagten, dass sie ihre Gegenwart einfach nur ertragen!

Oft haben sich Menschen auch so an ihren Trott gewöhnt, dass sie damit zufrieden sind. Sie nehmen ihr Verhalten und das des anderen nicht mehr bewusst wahr und hinterfragen deshalb auch ihr Leben nicht mehr. Und das Ergebnis? Es wird keine Veränderung mehr angestrebt. Und wenn die Menschen wirklich einmal aus ihrem Trott herausgerissen werden, haben sie Angst, sich auf Neues einzulassen, weil es eben Veränderung bedeuten würde – da bleibt man lieber beim Gewohnten.

Ein einfaches Beispiel: Neulich waren meine Frau und ich von einem befreundeten Ehepaar in einem noblen Restaurant zu einem guten Abendessen eingeladen. Die Umgebung war feudal. Die Speisekarte stand dem in nichts nach. Viele Gerichte waren mir völlig unbekannt. Ich erinnerte mich an den Bauern, der nicht isst, was er nicht kennt. Daran hielt ich mich und bestellte Jägerschnitzel mit Pommes. Warum? Hier wusste ich, was auf mich zukam, hier war ich auf der sicheren Seite. Ich war nicht bereit, eine neue Erfahrung in Sachen Essen zu machen. Lieber blieb ich beim Gewohnten.

Ein solches Verhalten geht hinein bis ins Glaubensleben. „Ich habe auch meinen Glauben", wie oft höre ich diesen Standardsatz in den Fußgängerzonen. Hier wird die ganze Unsicherheit deutlich. Man hat Angst, hinterfragt zu werden, und signalisiert: Ich lasse mich nicht korrigieren.

Sehen wir uns in der Bibel, in Lukas 5, Verse 1–11, einen Mann an, der aus der Monotonie seines

Alltags elementar herausgerissen wurde. Beobachten Sie diesen Petrus jetzt einmal nicht aus einer sicheren Distanz heraus, sondern versuchen Sie, in seiner Geschichte, in seinem Verhalten Ihr eigenes Leben wiederzufinden; zu erleben, dass der Glaube an Jesus Christus nicht eine Sache der wohlwollenden Akzeptanz ist. Versuchen Sie zu erkennen, dass dieser Jesus nicht nur eine Alternative im Dschungel der vielen Religionen ist, sondern dass sich in der Bindung an ihn eine Lebendigkeit verbirgt, die unser Leben revolutionieren kann.

Der Tag hatte für den Fischer Petrus angefangen wie immer. Aufstehen, wenn andere sich noch einmal umdrehten. Hinunter zum See. Mit stummen, mechanischen Handgriffen das Boot zum Auslaufen fertig machen. Jeder aus der Mannschaft weiß, was er zu tun hat. Alles Routine durch tausendfaches Wiederholen. Dann hinausfahren auf den See. Die Netze auswerfen. Treiben vor dem Wind. Bald werden die Netze Zug um Zug eingeholt. Es geht leicht. Zu leicht. Wie in den vergangenen Tagen sind die Netze fast leer. Wieder kein Fang. Zurückfahren zum Strand, ausbessern der Netze, dann in einem Halbschlaf im Schatten der Bäume dösen. Ein Tag wie jeder andere. Trotz des Misserfolges in der Nacht macht sich Petrus kaum Gedanken. Warum? Selbst der Misserfolg ist zur Routine geworden. Auf einmal Stimmen. Viele Menschen stehen am Strand. Jesus, der Wanderprediger, mitten unter ihnen. Petrus bleibt neugierig auf Distanz. Plötzlich wird er durch einen Zuruf Jesu in das Zentrum des allgemeinen Interesses gestellt. „Petrus, ich brauche dein Boot als Kanzel!" Petrus gehorcht, fährt einige Meter auf den See hinaus und sitzt zu den Füßen Jesu, als dieser vom Boot aus zu der Menschenmenge spricht. Die Predigt ist beendet und der nächste Satz Jesu wird wieder zur persönlichen Anfrage an diesen rauen Fischer.

„Petrus, fahr noch einmal auf den See und wirf deine Netze aus!" Eine mehr als provokante Aufforderung, widersprach sie doch jeglicher Logik des Fischerberufes. Manchmal haben wir ein völlig falsches Bild von Jesus Christus. Wir trennen ihn fein säuberlich von unserem täglichen Einerlei und verbannen ihn in die sakralen Räume unserer Kirchen und Gemeinden. Mir sagte ein Mann in der Fußgängerzone: „Was hat Gott mit meinem täglichen Leben zu tun? Mit meinen Terminen, meinem Stress, meiner Familie, meinen Geldsorgen, meiner Freizeit, sogar meiner Sexualität?" Jesus möchte aber kein nebulöser Religionsguru sein, sondern er will mitten ins Zentrum unseres kleinen Lebens. Mitten in unseren Alltag, in unsere Routine. Mitten in den Bereich, wo wir alles im Griff zu haben scheinen und deshalb auch keine himmlische Hilfe einfordern.

Und Petrus ist wie wir. Er hat Argumente. Stichhaltige Argumente. „Meister, wir haben uns die ganze Nacht abgemüht und nichts gefangen! Jesus, das ist die Realität unseres Lebens. Hier ist wirklich nichts zu machen. – *Aber* ...!" Dieses kleine unscheinbare Wort zeigt die Korrekturbereitschaft dieses Petrus. Und hier ist uns dieser galiläische Fischer ein Vorbild, das uns zur Nachahmung auffordert. „*Aber* auf dein Wort hin, will ich noch einmal wider alle menschliche Vernunft hinausfahren." Dieses *Aber* braucht ein Fundament, eine Bindung. Ein *Aber*, nicht als Alternative, sondern gebunden an die Autorität des Wortes Jesu. Gerade im Bereich des Glaubens entscheiden eben oft nicht das Wissen und der Verstand, sondern der Gehorsam. „Auf dein Wort hin will ich es wagen." Jesus zaubert dem Petrus jetzt keine Fische ins Netz. Nein, es geht dem Sohn Gottes in erster Linie um den Menschen Petrus. Wir sind für den Herrn Jesus keine unpersönlichen Rettungsobjekte, son-dern von ihm geliebte Persönlichkeiten. Vielleicht sieht Ihr Glaube so aus, dass Sie Jesus akzeptieren. Sie haben sich Ihren Glauben zurechtgezimmert. Aber würden Sie auf die Idee kommen, im Vertrauen auf den Sohn Gottes wirklich einmal loszulassen? „Fahr hinaus wider alle menschliche Vernunft!" Diese Aufforderung steht auch jetzt vor Ihnen.

„Wag es mit Jesus", heißt es in einem Lied. Und Vertrauen auf Jesus Christus wird immer belohnt. Auch hier bei Petrus. Er machte einen großen Fang. Petrus hat es erfahren und auch Sie können es erfahren. Lassen Sie doch einmal ihre zementierte Meinung und Ihr monotones Leben im wahrsten Sinne des Wortes durchkreuzen. Lassen Sie Licht in das Alltagsgrau Ihres Lebens, denn der Herr Jesus will Sie nicht nur auf die Ewigkeit vertrösten, sondern Ihnen schon hier überfließendes Leben in der Gemeinschaft mit ihm schenken. Das heißt nicht unbedingt ein Leben in abgesicherter materieller Fülle, aber ein leben mit echter Identität und Lebenssinn. Befreit vom Druck der Sünde und der Gebundenheit. Fallen Sie, wie Petrus, auf die Knie und bekennen Sie Ihre Schuld und lassen Sie sich versöhnen mit Gott! Gerade darum steht das Kreuz in dieser Welt.

AUSGEBREMST! AUSGEBREMST!
AUSGEBREMST! AUSGEBREMST!
AUSGEBREMST! AUSGEBREMST!

Jeder Autofahrer kennt die Situation: Ohne ersichtlichen Grund, ohne Vorwarnung bremsen die Autos auf der Autobahn ab. Damit hat keiner gerechnet. Waghalsige Bremsmanöver mit Beinahe-Unfällen sind die Folge. Und dann steht alles.

Was sich häufig auf der Autobahn abspielt, finden wir auch im menschlichen Leben wieder. Ausgebremst sein ohne ersichtlichen Grund, Stillstand ohne Vorwarnung. Viele können ganz schwer damit umgehen. Mal ehrlich, in vielen von uns steckt doch das Denken: Ich tue dieses, und jenes kommt dabei heraus. Ich habe Menschen in seelsorgerlichen Gesprächen kennengelernt, die nach dem Motto lebten: Ich habe doch ein Anrecht darauf, dass es mir bis ins hohe Alter gut geht. Sie verteilen Spruchkarten, sie singen Lieder mit der biblischen Aussage: *„Lass dir an meiner Gnade genügen!“* (2. Korinther 12, Vers 9). Eine allgemeine Aussage, hinter der man sich ganz einfach verstecken kann. Aber wie sieht es aus, wenn diese globale Aussage plötzlich zur eigenen zentralen Angelegenheit wird? Plötzlich stehen *wir* im Zentrum und eben nicht die anderen. Unangemeldet stehe ich selbst im Lebensstau und halte Ausschau nach den Gründen. Wie gehe ich jetzt damit um?

Kennen Sie Mose? Lassen Sie uns im 2. Buch Mose die Kapitel 1 bis 3 genauer ansehen! Mose wurde kurz nach seiner Geburt in einem Körbchen auf dem Nil ausgesetzt und durch göttliche Führung ausgerechnet von denen gerettet, die ihm nach dem Leben trachteten. Die nächsten 40 Jahre verbrachte er in einem atemberaubenden Umfeld von Reichtum, Bildung und Macht. Er wuchs mit allen erdenklichen Vorzügen im königlichen Palast des ägyptischen Pharao auf. Alles schien einen guten Lauf zu nehmen. Wer will schon aus einem solch optimalen Leben aussteigen? Und dann dieser berühmte Tag X. Mose macht einen Spaziergang und sieht, wie ein ägyptischer Aufseher einen hebräischen Sklaven schlägt. Mose handelt emotional und erschlägt den Ägypter. Dann verscharrt er ihn auf nimmer Wiedersehen im heißen Wüstensand. Einem inneren Impuls folgend, nimmt sich Mose eines unterdrückten Menschen an - eines Menschen, der die gleiche Blutgruppe wie er hatte, was seine Herkunft und Abstammung betraf.

War das etwa Gottes Wille, dass Mose den ägyptischen Aufseher erschlug? Ich denke nicht. Moses erste Tat für den Gott seiner Väter war nicht missionarisch, sondern mörderisch. Ein schlechter Start, um auf der göttlichen Überholspur nach vorne zu kommen.

Ausgebremst!

Und dann der nächste Tag. Wieder ist Mose außerhalb des Palastes. Wieder sieht er eine Rauferei. Aber die Kontrahenten sind Hebräer, beide Sklaven, beide in der gleichen schlechten Lebenssituation. Mose geht wieder dazwischen und will schlichten. „Willst du uns etwa auch erschlagen, wie gestern den Ägypter?“ Mose ist schockiert. Der gestrige Mord ist eben nicht im heißen Wüstensand im Verborgenen geblieben. Die Sache ist ans Tageslicht gekommen. Mose bekommt Angst. Er flieht vor der Verantwortung und Strafe.

Viele Tage und viele Kilometer später: Mose ist im Land Midian angekommen. Niemand dort kennt ihn. Keiner vermutet hinter dem ägyptisch aussehenden Mann einen Prinzen. Ein kleiner Nebensatz in 2. Mose 2, Vers 15b, zeigt jetzt die innere Situation von Mose. Bringt auf den Punkt, was es heißt, „ausgebremst“ zu sein: *„Und er setzte sich an einen Brunnenrand!“*

Verinnerlichen Sie dieses Bild einmal. Zusammengesunken sitzt dieser Mose auf einem Brunnenrand. Sein Leben ist aus den allerhöchsten Ebenen einfach ins Bodenlose abgestürzt. 40 Jahre am Königshof liegen hinter ihm. Und jetzt keine Perspektive mehr. Einfach ausgebremst. Und das alles, obwohl er es doch letztlich gut gemeint hatte. So sitzt dieser Mann auf dem Brunnenrand. Sicher denkt er zurück an seine Rettung in dem Körbchen. Erinnert sich an die Glanzzeit im Palast. Der Totschlag, die hastige Flucht vor seinen Verfolgern. Das Unverständnis seiner hebräischen Brüder und, was noch dazukommt und eigentlich am schlimmsten ist: Gott schweigt. Das ist eine Vollbremsung im Leben eines Menschen, die fatale Folgen haben kann. Wie viele Zeitgenossen haben genau an einem solchen Punkt ihr Leben einfach weggeschmissen. Sind geflüchtet in die hochprozentigen Gleichgültig- und Vergessenmacher, vielleicht sogar aus dem Leben geflüchtet – Selbstmord kann so einfach sein!

Eigentlich ist Mose nicht anders. Die Bibel ist ja so „menschlich" und zeigt uns eben nicht nur die Überflieger im Glauben, die uns mit ihrem Glaubensmut Angst machen können. Hier ist ein menschlicher Mose – sogar ein resignierter Mose. Aus Depression wird Resignation. Er heiratet und treibt die nächsten 40 Jahre eine blökende Herde von Schafen vor sich her. Ein überqualifizierter Prinz, der ein Zepter trug, wählt den geschnitzten Hirtenstab. Jetzt brauchen wir ein großes Vorstellungsvermögen! Stellen Sie sich vor, es sind mittlerweile 30 Jahre vergangen und wir würden eben diesen Mose jetzt vor das Mikrophon holen und ihm die Frage stellen: „Du, Mose, was empfindest du in diesem Moment? Wie würdest du dein Leben umschreiben?" – „Tja", würde er vielleicht antworten, „da gibt es eigentlich nicht viel zu berichten. Ich lebe einen geordneten Trott. Nichts Aufregendes. Die Wiederholung bestimmt mein Leben. Ich wache immer zur gleichen Stunde auf, weide meine Schafe, tränke sie immer an den gleichen Wasserstellen, träume immer die gleichen Träume – aber es ändert sich nichts. Mein Leben ist eintönig, vorprogrammiert. Ich habe mich irgendwie eingerichtet und arrangiert.“ Finden Sie sich in dieser Beschreibung wieder? Ausgebremst und auf dem Abstellgleis der Gleichförmigkeit zur Ruhe gekommen! Sind Sie in dieser Situation sogar dankbar, obwohl Sie abgestumpft sind? Würden Sie auf meine Frage, wie es Ihnen geht, auch antworten: „Man muss dankbar sein“? Dann sind Sie wie Mose! Menschen in dieser Lebenssituation sind selten bereit, auf dem Wasser zu laufen. Die Wüste hat diesen Mose nicht verändert. Seine Gedanken sind in einem Käfig gefangen, und die Monotonie hat dazu beigetragen, dass die Tür im wahrsten Sinne des Wortes ins Schloss gefallen ist. Und das hat Auswirkungen! Aus dem redegewandten Mann, der nach Apostelgeschichte 7 mächtig in Worten und Werken war, ist ein stummer, verbitterter Eigenbrödler geworden, der das Leben einfach nur noch erträgt. Es gibt nichts Schlimmeres als ein eintöniges, vorprogrammiertes Leben ohne Abwechslung. Vielleicht noch materiell abgesichert, in ein soziales Netz eingebunden, aber sonst grau in grau. „Und täglich grüßt das Murmeltier!“

Sind wir mal ehrlich: Eigentlich sitzt Mose nach so vielen Jahren immer noch auf dem Brunnenrand, und ich denke, viele von uns sitzen neben ihm. Das Leben hat uns gezeichnet - der Glanz der Ehe, die einmal so hoffnungsvoll begonnen hatte, ist verblichen; die Familie ein Schlachtfeld; Unsensibilitäten am Arbeitsplatz und sogar unter Christen. Auf den Punkt gebracht: Wüste, einfach nur Wüste!

Und jetzt denken Sie einmal einen neuen Gedanken. Bedenken Sie: Die Wüste an sich verändert uns genauso wenig wie die Umstände, in denen wir leben. Entscheidend ist die Haltung, die wir diesen Dingen gegenüber einnehmen. Ich kann unter der Last einer unglücklichen Ehe in die Knie gehen, weil ich meine Traum- und Wunschvorstellungen habe, sie aber nicht erreiche. Ich kann einem Häuschen im Grünen gedanklich nachjagen, ohne je diesen Traum erfüllt zu bekommen. Aber ich kann auch eine andere Haltung einnehmen. Eine Haltung, die der Realität entspricht. Ich kann aufstehen und muss nicht träumend liegen bleiben. Und hier ist uns Mose nicht unbedingt ein Vorbild. Er beweint letztlich seine Situation und bleibt auf dem Abstellgleis. Und er vergisst das alles Entscheidende: Gott ist auch dann am Werk, wenn er zunächst noch schweigt.

Und so kommt es nach 40 Jahren, dass Mose eines Tages seine Herde über die Wüste hinaustreibt. Ein interessanter Nebensatz im Zusammenhang dieser Geschichte. „Über die Wüste hinaus“ war sicher nicht geografisch festzumachen. Hier stand nicht irgendwo in der Wüste ein großes Hinweisschild mit dem Satz: „Sie verlassen jetzt die Wüste!“ Es ist wieder so ein Nebensatz mit einer gewaltigen Tiefe. Als Mose seine Herde über die Wüste hinaustreibt und zum Horeb, dem Berg Gottes, kommt, steht er unwiderruflich vom Brunnenrand auf. „Über die Wüste hinaus“ bedeutet letztlich, dass Mose seinen einengenden Rahmen verlässt. Die Umklammerung der Bitterkeit bricht auf. Mose durchbricht nach 40 Jahren endlich sein selbstgezimmertes Gefängnis. Und genau dann, nicht früher, brennt der Dornbusch. Durchbruch und Gottesbegegnung stehen oft in einem unmittelbaren Zusammenhang. Und es liegt an uns, ob wir wie Mose bereit sind, unsere Füße auf neues „Land" zu setzten. Es ist unsere Entscheidung. Wir können uns an diesem Punkt auch weigern weiterzugehen, und es ändert sich dann nichts. Mose erfuhr Gott da, wo er bereit war, seinen eigenen, einengenden Schatten zu verlassen. Vielleicht musst du heraus aus dem Kerker deiner Bitterkeit. Heraus aus deinen festgefahrenen Gedanken. Heraus aus deinen Wunschvorstellungen, wie das Leben deiner Meinung nach zu laufen hat und eben bis heute nicht gelaufen ist. Heraus aus dem Alltagstrott – hinein in eine lebendige und lebensbestimmende Beziehung zu dem lebendigen Gott.

Dann brennt der Dornbusch. Dann werden wir neu oder zum ersten Mal entzündet, erleben wir wie Mose die verändernde Kraft Gottes. Dann weitet sich unser Blick für die Zukunft in Anbindung an unsere Herkunft. Dann ziehen wir wie Mose vor dem brennenden Dornbusch von alleine die Schuhe aus, weil wir von der Heiligkeit des großen Gottes überwältigt sind. Dann entdecken wir den Außergewöhnlichen im Gewöhnlichsten unseres kleinen unscheinbaren Lebens und erfahren, dass wir einen einmaligen und persönlichen Gott haben, der uns wie den Mose mit Namen ruft. Dann werden wir wie Mose antworten: „Hier bin ich!" Und diese Antwort verbindet sich mit der Bereitschaft, sich zur Verfügung zu stellen. Und auch die zweite Frage wird nicht lange auf sich warten lassen: „Wer bin ich?“ Es ist nicht in erster Linie die Frage nach unserer Identität, sondern die Feststellung der eigenen, gesunden Ohnmacht. Es ist die realistische Sicht unserer Abhängigkeit von Gott.

Manchmal kann uns das Leben wirklich ausbremsen – aber in der Anlehnung an den lebendigen Gott können wir wieder durchstarten.

Wenn du Gott nicht mehr verstehst!

Wenn du Gott nicht mehr verstehst! Wenn du Gott nicht mehr verstehst! Wenn

oder **„Wenn die Liebe Gottes anscheinend an ihre Grenzen stößt!“** – Ich stehe in der Fußgängerzone einer Kleinstadt. In wenigen Monaten soll hier für einige Tage ein Missionszelt stehen. Ich befrage die vorbeigehenden Leute, über welche Themen Christen dort reden sollten, damit sie einmal in eine solche Veranstaltung kommen würden. Sie erraten sicher die Antwort: „Über das **Leid** in dieser Welt sollten sie reden. Und – wie ein liebender Gott solches Leid unbeteiligt mitansieht und nicht eingreift. Hier wollen wir eine Antwort.“ Sicher – viele Zeitgenossen haben hier ihre Standardantworten gleich parat, aber es gibt auch eine Reihe von Menschen, die wirklich an dieser Frage beim Glauben an einen liebenden Gott ihre Schwierigkeiten haben und eine wirkliche Antwort suchen. Natürlich hoffen wir alle – und ich denke, viele beten sogar dafür –, dass man nicht in einen Autounfall verwickelt wird oder die Diagnose Krebs für sich persönlich hören muss. Und doch bleibt dieses Unkontrollierbare, dieses Spannungsfeld des Ungewissen, mit dem wir leben müssen, ob wir das wollen oder nicht.

Eines gleich vorab: Gott will nicht unser Leid und sagt in seinem Wort, dass er Gedanken des Friedens mit uns hat und nicht des Zorns. Aber das ist nur die eine Seite Gottes. Auf der anderen Seite lesen wir im Propheten Jeremia Kapitel 2, Vers 19: *„Sieh doch ein, wie viel Leid und Unglück es bringt, dem HERRN, deinem Gott davonzulaufen und IHN nicht mehr ernst zu nehmen."* Hier sind wir Menschen schon persönliche Entscheidungsträger. Wir werden nicht der Verantwortung entbunden.

Sehen wir uns einen Menschen an, der mit unvorstellbarem Leid konfrontiert und dem alles genommen wurde: sein Reichtum, sein Besitz, sogar alle seine Kinder. Er verlor alles. Und als ob das nicht schon genügte, brachen bei ihm Geschwüre entsetzlichster Art aus. So sitzt dieser Mann auf der Erde und ist am Ende. Seine Frau ist ihm wirklich keine Hilfe – im Gegenteil. „Na, immer noch fromm? Mach Schluss und stirb!" (siehe Hiob 2, Vers 9), ist wirklich keine Ermutigung.

Und Hiob antwortet: *„Wo ist meine Hoffnung geblieben? ... Ich schreie um Hilfe! Ich rufe aus Leibeskräften, aber keiner verschafft mir Recht! Gott hat mir den Weg versperrt – ich komme nicht mehr weiter. Meinen Weg hat Gott in tiefe Dunkelheit geführt. ... Ich gebe auf. So will ich nicht weiterleben!"* (Hiob 17, Vers 15; Kapitel 19, Verse 17-18; Kapitel 7, Vers 16).

Das Schicksal des Hiob gehört zu den aufregendsten der ganzen Bibel. Die Fragen, die Hiob stellte, betreffen auch heute unser eigenes kleines Lebens. Und diese ganze Sache gibt uns zusätzliche Rätsel auf: Denn hier widerfährt offensichtlich einem guten Menschen Böses! Das ist der Spannungsbogen, dem auch wir Menschen des 21. Jahrhunderts nicht entfliehen können. Diese Frage nach der Ungerechtigkeit wurde in der Menschheitsgeschichte immer wieder gestellt. Wir haben das Problem, dass der Gottesglaube eben unsere Welterfahrung nicht ausklammert, sondern aufs Engste damit verwoben ist. Der Glaube an einen liebenden Gott klammert auch das Hässliche und Unkontrollierbare dieser Welt nicht aus. Und genau dieses Problem wird von den Gottesleugnern gerne als Speerspitze gegen die göttliche Autorität benutzt. Aber auch Christen können angesichts einer schlimmen Wegführung ins Stolpern geraten. Wir stehen sogar in der Gefahr, in Gottes Wesen und Handeln Widersprüche zu entdecken. Leben schaffen, steht Töten gegenüber. Liebe konfrontiert sich mit offensichtlichem Hass. Licht bedeutet eben auch Finsternis.

Bei den Römern gab es den Gott Janus, der Gott mit den zwei Gesichtern. Haben wir es bei dem Gott der Bibel auch mit einem Gott der zwei Gesichter zu tun? Ich lasse diese Frage vorerst offen und komme noch einmal zu dem eingangs erwähnten pragmatischen Ansatz: Ich tue das und erwarte jenes! So würden wir wenigstens eine Art himmlische Gerechtigkeit darin sehen, wenn nur wirklich schlechte Menschen an Krebs erkrankten, bei Autounfällen ums Leben kämen, Alzheimer oder Parkinson bekämen. Aber so ist es eben nicht. Es bleiben diese ungelösten Fragen, die wir einfach nicht klären können.

Lesen Sie einmal das Buch des jüdischen Friedensnobelpreisträgers Elie Wiesel, der als Teenager die Grauen von Birkenau und Auschwitz erlebte und dort seine ganze Familie verlor. Hier ein kurzer Auszug aus seinem bekannten Buch „Die Nacht“: „Nie werde ich den Rauch vergessen. Nie werde ich die kleinen Gesichter vergessen, deren Körper vor meinen Augen als Spiralen zum blauen Himmel aufstiegen! Nie werde ich die Flammen vergessen, die meinen Glauben für immer verzehrten. Nie werde ich das nächtliche Schweigen vergessen, das mich in alle Ewigkeit um die Lust am Leben brachte! Nie werde ich die Augenblicke vergessen, die meinen Gott und meine Seele mordeten und meine Träume, die das Antlitz der Wüste annahmen. Nie werde ich das vergessen, und wenn ich dazu verurteilt wäre, so lange wie Gott zu leben! Nie!“

Können wir diesen Mann nicht irgendwie verstehen? Wer würde angesichts solchen Leids seine Stimme mahnend erheben und vielleicht noch darauf hinweisen, dass dieses Leid einen charakterbildenden Wert haben könnte. Die Frage nach der Liebe Gottes ist angesichts eines solchen Leids eben keine theoretische Frage mehr.

Kommen wir zurück zu Hiob. Was können wir jetzt angesichts des Themas Leid von diesem Mann lernen? Als Erstes leugnet Hiob nicht die Existenz

Gottes. Mehr noch, er sucht vielmehr seine Gegenwart. Er schreit die Fragen über sein Schicksal hinaus, das er nicht versteht. In Hiob 7, Vers 11, lesen wir: *„Darum* ***will*** *ich auch meinem Munde nicht wehren. Ich* ***will*** *reden in der Angst meines Herzens und* ***will*** *klagen in der Betrübnis meiner Seele!"* Wir stellen fest: Hiob klagt nicht über seinen Verlust – es macht ihm vielmehr zu schaffen, dass sich Gott anscheinend zurückgezogen hat. Hiob sucht den erwähnten pragmatischen Ansatz: „Gott, ich habe mich korrekt verhalten – aber du strafst mich!"

Und jetzt wird's brisant! In der Geschichte Hiobs wird Schuld angesprochen. Im Blick auf das Leid ist die Frage nach der Schuld ein glattes Parkett, auf dem wir uns bewegen. Deshalb müssen wir hier mit schnellen Antworten vorsichtig sein, aber auch mit der gegebenen Realität unserer Schuld umgehen. Wir müssen zurück zu den Wurzeln. Gottes Anfangsgeschichte mit uns Menschen beinhaltete kein Leid, alles war paradiesisch. Und dann schrieb der Mensch das erste menschliche Kapitel, und es trug den Namen Sündenfall. In diesem egoistischen Handeln des Menschen, löste er sich aus den guten Ordnungen Gottes und ging seine eigenen Wege. So ist Sünde eben mehr als moralisches Fehlverhalten. Sünde ist ein Trennungswort, bedeutet ein Leben ohne Gott. Aus der guten **Beziehungsorientierung** zu Gott wurde **Eigenorientierung**. Die Folge der Sünde: Der Mensch wurde dazu verdammt, sich selbst Sinn und Identität zu geben. Und die Frage des Leids ist hier nicht ausgeblendet.

Aber damit ist die Frage nach dem Leid sicher noch nicht beantwortet. Es gibt sie, die Ungereimtheiten, die Souveränität Gottes, die eben nicht in allen Punkten zu begreifen und zu erklären ist. Im Bild des Töpfers, der erhaben ist über das, was aus seiner Hand kommt, wird das sehr anschaulich.

Aber es gibt eine interessante Aussage Jesu kurz vor seinem Tod, als er zu seinen Jüngern sprach: „Ich will euch wiedersehen. An dem Tag werdet ihr mich nichts mehr fragen!“ Dieser Tag ist noch nicht da.

Suchen wir weiter im Buch Hiob und gehen wir an die entscheidende Stelle. In Kapitel 30, Vers 24, finden wir die Aussage: *„Doch wer unter Trümmern verschüttet wurde – streckt seine Hand aus nach Rettung!“* Angesichts des Leids brauche ich etwas, das größer ist als das, was mir Angst macht. Etwas, das meinen Fragen standhält, ein Fundament bietet, ein Gegengewicht. Wo ist in Ihrem Leben diese Hand, die sich Ihnen entgegenstreckt? Eine Hand, die Sie herauszieht. Eine Hand, die sich auf der Grundlage einer einzigen Motivation ausstreckt: Liebe! Wo ist diese Hand, die sogar den elementaren Anspruch und die Fähigkeit in sich trägt, Sie zu retten? Schauen Sie zum Kreuz! Dort demonstriert Gott, wie das Allerschlimmste, das jemals in der Weltgeschichte passiert ist, schließlich zum Besten wurde.

Das Kreuz mit dem Gottessohn zeigt uns den Wert des Menschen. Wir sind diesem Gott im Himmel seinen Sohn wert. Die Leidfrage wird im neutestamentlichen Handeln nicht rational beantwortet – sondern personal! Es geht um den Tod des Gottessohnes, der freiwillig am Kreuz in den Riss der Trennung von Gott trat und unsere Schuld auf sich nahm. Und Jesus Christus tat das nicht aus Zwang, sondern er litt freiwillig. Niemand kann Gott leiden lassen. Jesus litt am Kreuz mit göttlicher Zu- und Übereinstimmung. *„Darum bin ich in diese Stunde gekommen“* (Johannes 12, Vers 27), sagte Jesus Christus. Das ist die endgültige Antwort auf die Frage unserer menschlichen Schuld und der damit verbundenen Trennung von Gott. Am Kreuz gibt Gott keine theoretische Antwort auf die menschliche Leidfrage. Er teilt das Elend seiner Menschen.

Deutlich wird das im Hebräerbrief Kapitel 2, Vers 18: *„Denn worin er* (Jesus) *selbst gelitten hat, als er versucht worden ist, kann er denen helfen, die versucht werden.“* Nur das Christentum kennt diesen leidenden Gott, der nicht distanziert im Himmel thront, sondern mitten in unserer Krankheit, unserer Not, unserer Sünde und Gottesferne seinen Platz einnimmt. Und Jesus Christus geht diesen Weg ans Kreuz bis zum Ende, damit Sie und ich einen Anfang haben können. Aber bedenken Sie: Das Werk vom Kreuz ist eine globale Tatsache, die jedem Menschen gilt. Aber sie wird nur in einer persönlichen Hinwendung zu Christus erfahren und zu einer ewigen Wirklichkeit. Es geht nicht um eine wohlwollende Akzeptanz Jesu, sondern um eine persönliche Entscheidung. Nur solche Menschen sind errettet.

Sünde ist mehr als Flensburg!

Sünde ist mehr als Flensburg! Sünde ist mehr als Flensburg! Sünde ist mehr

Der kleine Thomas besucht den Gottesdienst. Als er nach Hause kommt, fragt ihn der Rest der Familie: „Na, worüber hat denn der Pfarrer gepredigt?“ – „Über Sünde!“, kam es missmutig heraus. „Und was meinte der Pfarrer dazu?“ Der kurze Kommentar von Thomas: „Er war dagegen.“

Ist es nicht so: Von Gott und seinen Vertretern kann doch nur eine verneinende und lebensfeindliche Einstellung erwartet werden. Da sagt einer: „Bei dem Thema Sünde seid ihr Christen doch bei eurem Lieblingsthema. Wenn es nichts Wichtigeres gäbe, als den Menschen ständig ihre Versäumnisse, Fehler und Macken vorzuwerfen!“ Und der Kommentar eines Mannes in einer Fußgängerzone: „Warum sollte ich mich am Sonntag, übrigens meinem einzigen freien Tag in der Woche, in die Kirche setzen und mir sagen lassen, wie schlecht ich in Gottes Augen bin. Nein Danke!“

Sünde – ein Wort, das vermehrt aus dem Wortschatz säkularisierter Menschen unserer Zeit verschwindet. Selbst von Christen wird es entweder mit aller Vorsicht oder am besten überhaupt nicht mehr in den Mund genommen. Wie schnell kommen wir in Erklärungsnot, wenn dieser biblische Begriff auf den Punkt gebracht werden soll! Wie antworten wir, wenn uns Menschen um die wirkliche Bedeutung dieses Begriffs fragen? Viele denken, bei Sünde ging es vielleicht um eine Aussage wie „Nobody is perfekt!". Wer kann schon ohne Fehler leben! „Ich tue doch niemandem etwas, liege mit meinen Nachbarn nicht im Clinch, versuche einfach gut durchs Leben zu gehen. Warum sollte Gott mit mir nicht zufrieden sein?" So antworten Menschen, die es wirklich gut meinen, aber den Begriff Sünde letztlich nicht verstehen.

Eine interessante Aussage finden wir in dem alttestamentlichen Buch Hosea. Dort stellte der Prophet in Kapitel 5, Vers 10, fest, dass es Menschen gab, die die Grenzen verrückten! Obwohl diese Aussage viele Jahre zurückliegt, trifft sie unsere Gesellschaft - wie der berühmte Hammer den Nagel - auf den Kopf. Genau das finden wir heute. Menschen verrücken eigenwillig und egoistisch die guten Grenzen Gottes. Jeder definiert sein kleines Leben selbst. Der Mensch steckt in der eigenen Machbarkeit die Grenzen ab und tut, was er für richtig hält. Ich bin mir selbst die bestimmende Mitte, wurde selbst zur Lebensmitte. Schauen wir uns auf gesellschaftlicher Ebene um. Vor wenigen Jahrzehnten wurde Gott noch mit hineingenommen in unsere Rechtsprechung und staatliche Ordnung. Gott fand Platz in der Präambel unseres Grundgesetzes - und zwar bewusst! Wo sind wir inzwischen hingekommen? Die göttlichen

Gebote werden höchstens noch als moralische Grundsätze verstanden und dem jeweiligen Zeitgeist angepasst. Natürlich spricht man dann auch noch von Grundsätzen. Die aber stützen sich nicht mehr auf das Wort und die Autorität Gottes, sondern allenfalls noch auf humanistisches Gedankengut. Vielleicht denken wir mit einem verschmitzen Lächeln beim Wort Sünde noch an den Bereich der Lust und der Sexualität. Jeder hat schon einmal von der sogenannten „sündigen Meile" auf St. Pauli gehört. So wird das Wort Sünde fast ausschließlich als ein Moralbegriff wahrgenommen. Aber Sünde ist weit mehr als ethisch-moralisches Fehlverhalten. Denn reduzieren wir „Sünde" nur auf diesen Moralbegriff, verschweigen wir das Wesentliche, und das Werk vom Kreuz verliert letztlich seine eigentliche und tiefste Notwendigkeit.

Sünde ist in erster Linie ein Beziehungswort und bezeichnet eine Beziehungsstörung. Sünde ist ein elementarer Riss durch das, was einmal untrennbar zusammengehörte: Gott und Mensch. Es macht die Würde und Identität von uns Menschen aus, auf eine intakte Beziehung zu Gott hin angelegt zu sein; darin finden wir die tiefste Bestimmung unseres Menschseins. So hat sich der Schöpfer das gedacht. Und bedenken Sie: Auf dieser Grundlage bekommt das Wort Sünde eine völlig neue Qualität. Sünde hat zuerst und elementar mit Gott und mir zu tun.

Wenn Sünde in erster Linie mit Verhalten zu tun hätte, dann liegt es doch auf der Hand, dass ein

Sünder nicht unbedingt ein unmoralischer, böser Mensch sein müsste. Im Gegenteil, ich kenne viele „gute Menschen", die in völliger Gottesferne leben. Deshalb ist es notwendig zu wissen, was Sünde und ihre Auswirkung bedeutet. Unterscheiden müssen wir unbedingt zwischen Sünden (plural) und Sünde (singular). Sünden beschreibt die Bibel als Auswirkungen des falschen Fundamentes. Diebstahl, Neid, Ehebruch, Mord, böse Gedanken, böse Worte, Eifersucht, Bitterkeit; die Liste ließe sich beliebig erweitern. Sünde ist das falsche Fundament, auf dem die Sünden getan werden! Auf den Punkt gebracht: Ich sündige, weil ich ein Sünder bin. Ich kann einfach nicht anders. Sünde ist Misstrauen gegenüber Gott und seinen guten Ordnungen. Sünde ist Beziehungsbruch.

Ich habe manchmal den Verdacht, wir schämen uns als moderne Menschen für die ersten Seiten der Bibel. Wohlwollend verbannen wir sie vielleicht noch als Gute-Nacht-Geschichten in die Kinderzimmer. Auch Christen haben nicht immer den Mut, in der modernen Gesellschaft diese göttliche Wahrheit hochzuhalten - mit fataler Auswirkung. Vielleicht ist das für Sie ein neuer, revolutionärer Gedanke. Aber lassen Sie diese Information doch einmal neutral an sich heran. Gehen Sie einfach einmal davon aus, dass die ersten Seiten der Bibel reales Reden und Handeln eines souveränen Gottes sind. Die Bibel sagt, dass der lebendige Gott seinen Wunsch nach Gemeinschaft ausdrückt, indem er Menschen in seinem Bilde schafft. Und es gibt nur eine einzige Motivation Gottes, dies zu tun: Liebe!

Es ist Gottes Liebe, die sich in der Vielfalt einer atemberaubenden Schöpfung zeigt. Und diese schöpferische und gestalterische Vielfalt möchte Gott mit einem Gegenüber teilen. So entstand der Wunsch: *„Lasst uns Menschen machen - uns ähnlich!"* (1. Mose 1, Vers 26). Der Gedanke wurde zur Tat. Der Mensch als Gegenüber Gottes betrat die paradiesische Bühne. Er kam von Gott und war gleichzeitig auf Gott hin angelegt. Der Mensch ist ein Beziehungswesen, geschaffen zum Leben und zur Kommunikation mit seinem Schöpfer. Das ist unsere ureigenste Bestimmung und Identität. Wir können uns als gefallene Menschheit heute überhaupt nicht mehr vorstellen, welch eine reine Welt damals dem ersten Menschenpaar zur Verfügung stand. Letztlich waren die Voraussetzungen mehr als hervorragend dafür, dass der von Gott geschaffene Mensch fortan in einer guten Beziehung zu Gott lebte. Aber genau in diesem optimalen Umfeld geschah der Sündenfall. Wie konnte das passieren?

Als Gott den Menschen schuf, da schuf er keine auf Liebe zu ihm programmierte Marionette, die nicht anders konnte, als Gott zu lieben. Ausdruck der Würde des Menschen ist seine ihm geschenkte Freiheit. Und es war Gottes ureigenster Wunsch, dass der Mensch genau auf der Grundlage seiner ihm verliehenen Freiheit seinen Schöpfer liebte. Eine Liebe, die nicht anders kann als zu lieben, ist keine Liebe, sondern erzwungene Knechtschaft. Und genau diese Freiheit wurde zum Risiko Gottes. Der Theologieprofessor Helmut Thielicke hatte

Recht, als er feststellte: „Der Mensch ist das Risiko Gottes!" Es ist genau diese dem Menschen verliehene Freiheit, die die Schlange als Brecheisen benutzte, um ins Zentrum des Menschen zu gelangen. Sie lenkt dem ersten Menschenpaar den Blick weg von der gewaltigen paradiesischen Fülle, die ihm im Garten Eden zu Verfügung stand, hin auf eine winzige Einschränkung, mit der der Mensch nicht umgehen konnte. Es geschieht das, was wir bereits bei Kindern feststellen können: Die Einschränkung wird zur begehrenswerten Verlockung, und die gewährte Fülle wird zur Eingrenzung. Aber noch bleibt der Mensch standhaft.

Doch es wird deutlich: Nicht mehr das Vertrauen zu Gott hält den Menschen letztlich davon ab zu sündigen, sondern die Strafe motiviert Adam und Eva, das Gebot noch einzuhalten! Aber auch diese Grenze ist bald überschritten. Die Einschränkung Gottes wird zum Inbegriff des Erstrebenswerten, und die Sünde „lauert nicht nur vor der Tür", sondern hat sie bereits weit aufgerissen und der Mensch schreitet hindurch. Jetzt geschieht das, was wir heute Emanzipation nennen: Befreiung von Abhängigkeit! Der Mensch emanzipiert sich von Gott. Genau das ist Sünde! Der Mensch erlebt das, was Paulus in Römer 3,23 schreibt: Den Verlust der Herrlichkeit, die der Mensch bei Gott hatte. Der Mensch löste sich aus der guten Gemeinschaft mit Gott und reduzierte sich egoistisch auf sich selbst. Auf den Punkt gebracht: Aus göttlicher Freiheit wurde knechtische Abhängigkeit vom eigenen Ich.

Die Quelle der Menschheit ist verschmutzt. Das erste Menschenpaar hat uns mit hinein genommen in diese Trennung von Gott. Deshalb wird jeder Mensch als Sünder geboren und muss keine individuelle Entscheidung mehr für die Sünde treffen. Die angemessene Sicht, die ein Mensch über sich selbst gewinnen kann, ist, dass er ein Sünder ist. Und nur durch diese Erkenntnis bekommt er ein Verlangen nach dem Ausweg und der Antwort Gottes. Und die himmlische Antwort ist kein Programm, kein religiöses Verhaltensmuster, sondern eine sündlose Person. Die Antwort Gottes auf unsere Sünde und der damit verbundenen Verlorenheit heißt JESUS.

So schreibt Paulus in 2. Korinther 5, Vers 21: *„Den,* (Jesus) *der Sünde nicht kannte, hat er* (Gott) *zur Sünde gemacht, damit wir Gottes Gerechtigkeit würden in ihm!"* Was ist zu tun? Das, was der gleiche Paulus einem hohen Justizbeamten in Philippi sagte, als er von seiner Schuld überführt wurde: *„Glaube an den Herrn Jesus, und du wirst errettet werden!"* (Apostelgeschichte 16, Vers 31). So einfach ist das? So einfach ist das!

Zukunft - Hoffnung oder Verunsicherung?

Zukunft - Hoffnung oder Verunsicherung? Zukunft - Hoffnung oder Verunsicheru

Wir spüren, dieses Thema beschäftigt uns alle und geht uns alle an. Die weltweite Verunsicherung im Blick auf die Zukunft ist zu einer begründeten persönlichen Zukunftsangst geworden - obwohl wir heute über enormes Wissen verfügen und vieles technisch machbar ist. Und doch hat es in diesem Umfeld, gerade in unserem Land, nie eine Generation gegeben, deren Hoffnungslosigkeit und die damit verbundenen Angst vor der Zukunft größer gewesen wäre. Da nehmen auf der einen Seite die medizinischen Möglichkeiten zu - und auf der anderen Seite haben viele unter uns berechtigte Sorge, dass sich in Zukunft nur noch Privilegierte eine ausreichende medizinische Versorgung leisten können.

Der amerikanische Forscher John Calhoun veranschaulichte anhand eines Experimentes mit Mäusen die mögliche Entwicklung unserer Gesellschaft. Calhoun setzte 2200 Mäuse in einem begrenzten Raum aus, und zwar bei besten klimatischen Voraussetzungen und regelmäßigem Nahrungsüberschuss. Nur 5 Jahre später verstarb die letzte Maus. Stress, Aggressivität, Verkümmern des Fortpflanzungstriebes ließen die Mäuse so sehr degenerieren, dass sie sich noch nicht einmal mehr durch frisches Blut retten ließen. Wird es der Menschheit einmal ähnlich gehen? Wird unsere Zivilisation an Konsumüberfluss, Stress, Aggressivität und Mutlosigkeit zugrunde gehen?

Menschen reagieren mit Blick auf die Zukunft sehr unterschiedlich. In einer Zeitung war folgende Geburtstagsanzeige abgedruckt: „Lieber Peter, zu deinem 30. Geburtstag: Was immer auch das Leben bringen mag, / genieß es fröhlich und beschwingt. / Gibt es auch manch triste Stunden, / sind diese doch bald überwunden. / Irgendwie, das wirst du sehen, / wird's immer wieder weitergehen. / Mit viel Glück und Sonnenschein, / wird's ein tolles Leben sein!" Auf der anderen Seite die Aussage des römischen Staatsmannes Marcus Tullius Cicero, der vor 2000 Jahren schrieb: „Ich wünsche mir, dass wir alle jung sterben, damit wir nicht mehr erleben müssen, wie unsere Hoffnungen und Ideale an der harten Realität des Lebens scheitern!" Zwei völlig unterschiedliche Ansätze, mit der Zukunft umzugehen.

Denken wir an unsere Umwelt, die wir seit Jahren aus Profitsucht regelrecht zerstören. CO2-Ausstoß, Klimagipfel, Feinstaub, Rußpartikelfilter - Schlagworte, die uns ständig begleiten und die uns berechtigte Sorge machen. Das Klima spielt verrückt: Klimaveränderungen durch den willkürlichen Eingriff des Menschen in die Natur, wir stöhnen unter Hitze- und Kälteperioden. Gigantische Überschwemmungen, Taifune und Tornados halten uns in Atem. AIDS, BSE, MKS, SARS – Abkürzungen, die es in sich haben. Das Streben ganzer Völker nach Fortschritt und Wohlstand hat Folgen, die bis in unser kleines, persönliches Leben hineinreichen und uns Angst machen. Soziologen und Trendforscher warnen aber vor einem übertriebenen Selbstbezug, der letztlich unsere Hoffnungslosigkeit zeigt. Und weil das so ist, wird das eigene Dasein zum eigentlichen und übersteigerten Lebenssinn! Der Fernsehjournalist Peter Hahne sagte während einer Podiumsdiskussion: „Es wird Zeit, dass wir eine neue Gesellschaftsform einüben: Weg von der ICH-AG hin zu einer GmbH ... zu einer *Gesellschaft mit begründeter Hoffnung*!" Das entscheidende Wort in diesem Wortspiel heißt *begründet*!

Und damit sind wir mitten in unserem Thema. Es geht um eine begründete Hoffnung, nicht um eine ideologische Worthülse oder schillernde Seifenblase, die dem Härtetest des Lebens nicht standhält. Hoffnung braucht Grund, Wahrheit, Unveränderlichkeit und Verbindlichkeit. Sie muss größer sein als das, was ich selbst zu leisten imstande bin. Hoffnung muss elementarer sein als das, was mir Angst macht! Hoffnung lebt davon, dass mein Leben auf einem wirklich tragfähigen Fundament steht.

Friedrich von Bodelschwingh, der Gründer der Anstalten in Bethel, hatte in seinem Arbeitszimmer einen Spruch hängen: „Eine lebendige Hoffnung gestaltet die Gegenwart!" Mit dieser Devise leistete er Gewaltiges. Hoffnung ist mehr als ein Wunschdenken – mehr als eine lebenswichtige Notwendigkeit nach dem Motto: „Die Hoffnung stirbt zuletzt!" Sie ist vielmehr die Antriebsfeder, auch dann noch weiterzumachen, wenn alles sinnlos scheint. Hoffnung schaut über den Tellerrand des Lebens hinaus und stellt sich der elementaren Frage nach dem Wohin!

Es gibt eine biblische Begebenheit, in der Hoffnungslosigkeit der Hoffnung im Blick auf die Zukunft weicht. Wir lesen davon im Lukas-Evangelium in Kapitel 24, ab Vers 13. Zwei Männer sind unterwegs. Sie kommen aus der Stadt Jerusalem und sind auf dem Weg in das Dorf Emmaus. Unterwegs unterhalten sie sich über die Ereignisse der letzten Tage, die ihr Leben auf den Kopf gestellt haben. Und immer wieder kommt der Name einer Person vor: JESUS. Sie hatten seine Worte gehört, ihm geglaubt, seine außergewöhnlichen Taten gesehen. Dieser Wanderprediger war tatsächlich für viele zum Hoffnungsträger geworden. Auch für unsere beiden Reisenden. Alle jubelten diesem Jesus zu, als er wenige Tage zuvor noch auf einem Esel durch die Straßen Jerusalems geritten war. Viele erhofften sich von ihm, dass er sie von der römischen Besatzungsmacht befreite. Aber dann seine plötzliche Verhaftung. Die religiöse Führerschicht warf ihm Gotteslästerung vor. „Wer mich sieht – sieht Gott!", hatte dieser Zimmermannssohn behauptet. Eine starke Aussage. Das war für die frommen Juden zu viel. Und so wurde aus dem Jubel: *„Hosianna, gelobt sei der, der da kommt im*

Namen des Herrn" (Lukas 19, Vers 38) sehr schnell der Ruf: *„Kreuzige ihn!"* (Lukas 23, Vers 21). Und das Unfassbare geschah: Jesus wurde mit zwei Schwerverbrechern gekreuzigt und starb einen qualvollen Tod. Und dann behaupteten einige, er sei auferstanden. Aber das stieß bei unseren beiden Wanderern auf völliges Unverständnis. All das wühlte jetzt die beiden noch einmal auf. Sie hatten ihre ganze Hoffnung auf diesen Jesus gesetzt. Und jetzt? Vergangenheit und Zukunftserwartung auf einen Schlag ausradiert.

Kennen Sie das? Da wird Ihnen der Boden unter den Füßen weggezogen und Sie sind wie diese beiden Männer traumatisiert – jeglicher Hoffnung beraubt. Alles ist zusammengebrochen. – Da komme ich mit einer älteren Dame ins Gespräch, die mein christliches Verteilblatt barsch zurückweist. Und der Grund lässt nicht lange auf sich warten. Ich stehe vor einem wunderschönen Häuschen im Grünen. Die Frau kontert verbittert: „Das haben mein Mann und ich uns in vielen Jahren aufgebaut und sogar vom Mund abgespart. Erst vor einem Jahr sind wir hier eingezogen und dann das völlig Unerwartete – mein Mann starb ganz plötzlich an einem Herzversagen!" Später traf ich diese Frau noch einmal – auf dem Friedhof. Da wurde mir klar: Nicht nur ihr Mann war hier begraben, sondern auch ihre Hoffnung – kurz, ihre ganze Zukunft.

Kommen wir zurück zu unseren beiden Wanderern. Während sie so miteinander reden, schließt sich ihnen ein Dritter fast unbemerkt an. Er fragt nach dem Grund ihrer Unterhaltung. Verwundert fragen sie den Unbekannten: *„Bist du der Einzige, der in Jerusalem ist und nicht weiß, was dort in den vergangenen Tagen geschehen ist?“* (Lukas 24, Vers 18). Dann erzählen sie ihm die Geschichte Jesu – es ist die Geschichte des Mannes, der jetzt mit ihnen geht. Aber sie erkennen ihn nicht. Und Jesus spricht zu ihnen: *„O ihr Unverständigen“* (Lukas 24, Vers 25) – man könnte auch sagen: „Ihr Dummköpfe!“ Er reißt diese beiden Männer heraus aus ihrem Jammern und beantwortet ihr Denken und Reden, indem er ihnen die Heilsgeschichte Gottes erklärt. Er macht ihnen deutlich, das Kreuz ist nicht der Endpunkt, sondern vielmehr der Anfang. Am Kreuz knüpft der lebendige Gott wieder neu an. Menschen in Christus sehen hinter der Hoffnungslosigkeit dieser Welt das Versöhnungsangebot Gottes im Gekreuzigten. Menschen in Christus können ihre Angst und ihre Fragen loslassen. Genau wie bei den Jüngern auf dem Weg nach Emmaus hat der Herr Jesus ein offenes Ohr für uns, geht mit und verändert unser Leben. Ein Mensch ohne Gott ist dazu verdammt, sich selbst Sinn zu geben und seine Hoffnung auf menschlich wacklige Fundamente zu stellen.

Es ist wieder Peter Hahne, der schrieb: „Es ist die Verbissenheit der Hoffnungslosen, die unsere Zeit zum Schlachtfeld der Weltverbesserer macht!“ Menschen, die eine lebendige Beziehung zu Jesus Christus haben, können anders leben. Sie wissen: Meine Zukunft, meine Hoffnung wurde für mich am Kreuz bereits erkämpft und ich darf sie als Geschenk annehmen. Im Johannes-Evangelium, Kapitel 6, hat Jesus eine provozierende Predigt gehalten. Der Anspruch an die Zuhörer war genauso groß wie sein Angebot. Aber die Zuhörer waren nicht bereit, darauf einzugehen und verließen ihn scharenweise. Als er nur noch von seinem engsten Jüngerkreis umgeben war, fragte er sie: *„Wollt ihr auch weggehen?"* (Johannes 6, Vers 67). Petrus meldete sich in dieser dramatischen Situation zu Wort und sagte einen Satz, den er in der Tiefe damals sicher selbst nicht verstanden hatte. Aber seine Antwort verbindet zwei Dinge miteinander: Hoffnungslosigkeit und Chance! *„Herr, wohin* (oder zu wem) *sollten wir gehen?"* (Johannes 6,68). Hier leistet ein Mensch einen Offenbarungseid. Aber Petrus gibt sich in seiner Orientierungslosigkeit selbst die entscheidende Antwort: *„Herr, du hast Worte ewigen Lebens und wir haben* [geglaubt und gehofft? Nein, wir haben] *erkannt, dass du der Sohn Gottes bist!"* (Johannes 6, Vers 69). Hoffnung braucht Verbindlichkeit, ein tragfähiges Fundament und keine leeren Versprechungen. Hoffnung braucht Bindung mit Zielorientierung.

Wir brauchen kein Programm, keine Versprechen, sondern jemand, der uns an die Hand nimmt und führt. Jemand, der größer ist als unsere Hoffnungslosigkeit; jemand, der weiß, wo es langgeht und der das Ziel kennt: Jesus Christus. Der französische Mathematiker Blaise Pascal sagte: „Es ist herrlich, im wilden Sturm auf einem Schiff zu sein, von dem man weiß, dass es einmal sicher im Hafen ankommen wird!"

Was passiert 5 Minuten nach dem Tod?

Was passiert 5 Minunten nach dem Tod? Was passiert 5 Minuten nach dem

„Nichts, absolut nichts!“, antwortete mir ein Passant auf diese Frage. - „Das kann doch nun wirklich niemand beantworten, aber ich wüsste es natürlich sehr gerne“, kontert eine ältere Dame. - „Ich lebe in einer völlig anderen Form weiter, einer Blume oder einem Tier.“ Auch eine Erwartungshaltung. - „Ich werde Jesus Christus, meinen Herrn sehen“, antworten mir Christen. - „Ich habe keine Ahnung, aber ich habe Angst!“ - Ein junger Mann sagte: „Ich komme mir vor wie vor einem nachtschwarzen, bodenlosen Abgrund. Hinter mir ist etwas wie eine Planierraupe, die unausweichlich vorrückt und mich vor sich herschiebt, bis ich in den Abgrund stürze.“

Wer hat denn nun Recht? Gibt es überhaupt eine verbindliche Antwort? Eigentlich ist es die zentrale Menschheitsfrage schlechthin. Der Reiche stellt diese Frage, der Arme, Junge und Alte, Intelligente und weniger Intelligente, Frauen und Männer.

Jede Generation der Menschheitsgeschichte wurde von dem Gefühl geprägt, dass wir für immer leben! Die Anthropologie, das ist die Menschheitskunde, bestätigt, dass jede Kultur einen angeborenen Sinn für das Ewige hat. Eines müssen wir aber alle akzeptieren: Als Menschen leiden wir an einer tödlichen Krankheit mit Namen Sterblichkeit. Und die derzeitige Sterblichkeitsrate liegt bei satten 100 %! Noch einige nüchterne Zahlen: Weltweit sterben in jeder Sekunde 3 Menschen. Rechnen wir das hoch, dann sterben in jeder Minute 180 Menschen. Stündlich fast 11.000. Wenn es stimmt, was die Bibel über das sagt, was nach dem Tod geschieht, dann kommen jeden Tag weltweit 250.000 Menschen entweder in den Himmel oder in die Hölle! So weit nüchterne Statistik.

Gehen wir an die Frage heran! Wir können den Tod nicht verschweigen und ignorieren – so, als würde uns das alles nichts angehen. Es gibt Menschen, die glauben, an ihnen geht der Todeskelch vorüber. Jemand hat es einmal treffend so ausgedrückt: „Im Grunde genommen glaubt niemand an seinen eigenen Tod!"

Haben Sie bei einer Beerdigung schon einmal daran gedacht, dass Sie selbst irgendwann die Hauptrolle dabei spielen? Dass Sie selbst einmal der Inhalt dieses Holzkastens sein werden, der mit Blumen, Kränzen und Kerzen geschmückt ist? Ein Beispiel zum Schmunzeln: Da sitzt morgens ein Ehepaar am Kaffeetisch. Plötzlich sagte die Ehefrau: „Du, Heinz! Wenn einer von uns beiden stirbt, dann ziehe ich wieder nach Köln!" Genau darum geht es. Also, tabuisieren oder ignorieren geht nicht. Dann gibt es solche, die den Tod romantisieren. „Alles halb so schlimm." Aber ihnen sei gesagt, der Tod ist der letzte und schlimmste Feind des Menschen. Mit der Aussage „Sterben - der Höhepunkt des Lebens" tue ich mich schon schwer. Ich denke, die richtige Einstellung ist, dass wir den Tod nicht tabuisieren, nicht ignorieren, auch nicht romantisieren, sondern realisieren. So wie Mose, der Schreiber des 90. Psalms, der eine Bitte an Gott richtet: *„Herr, lass mich bedenken, dass ich sterben muss, damit ich klug werde"* (Vers 12). Das ist die richtige Einstellung. Hier bittet ein Mensch Gott mitten im pulsierenden Leben, dass er ihm den Gedanken an den Tod wach hält. Dadurch gewinnt dieser Mose einen Weitblick und eine realistische Weitsicht.

Gehen wir aber noch einmal der Frage nach, warum den Menschen die Frage nach dem Danach nicht loslässt. Warum ist er so neugierig, hinter den letzten Vorhang zu sehen, ohne hindurchgehen zu müssen?

Eine Antwort finden wir in der Bibel. Dort schreibt ein weiser Mann namens Salomo, dass Gott den Menschen die Ewigkeit ins Herz gelegt hat. D.h. Sie und ich sind auf Ewigkeit hin angelegt. Das ist unsere menschliche Bestimmung. Und das ist auch unsere gewaltige Chance, sogar unsere Würde, denn auf dieser Grundlage können wir Menschen die Frage nach dem Danach wirklich stellen. Ein instinktgeleitetes Tier wird die Fragen nach dem Woher - Wozu - Wohin sicherlich nicht stellen. Und wenn Ihr Schäferhund Ihnen diese Fragen doch stellen sollte, dann wären Sie ein gemachter Mann, wenigstens zeitlebens. Aber das wird eben nicht geschehen. Ihr Schäferhund wird schweigen und weiter instinktgeleitet sein Leben führen, denn die Erschaffung des Menschen unterscheidet sich von der des Tieres. Wir lesen in 1. Mose 2, Vers 7: *„Da bildete Gott, der Herr, den Menschen aus Staub vom Erdboden und hauchte in seine Nase Atem des Lebens – so wurde der Mensch eine lebende Seele!"* Allein das gibt uns Menschen Würde und Identität. Aufgrund dieser Tatsache haben wir auch das Vorrecht, die Frage nach unserem Menschsein zu stellen und sie mit Hilfe unseres Ursprungs – Gott – zu beantworten. Auf unser Thema bezogen: die Frage nach dem Wohin! Aber dazu gehören Voraussetzungen.

Ein Theologe stellt fest: „Einübung in das Leben ist die beste Vorbereitung auf den Tod. Wir können uns zwar den Tod vor Augen halten, aber niemand kann ihn einüben. Jeder, ausschließlich jeder, geht als Anfänger in seinen eigenen Tod."

Stellen wir uns die Frage, was geschieht, wenn ein Mensch stirbt! Eine nüchterne Information kann uns hierbei helfen. Würden wir einen Menschen eine Sekunde vor und eine Sekunde nach seinem Tod wiegen, wäre kein nachweisbarer Unterschied bezüglich seines Gewichtes festzustellen. Und doch hat der Mensch etwas Entscheidendes verloren, das keine physikalische Messung nachweisen könnte. Der Unterschied zwischen einem Sterbenden und einem Toten ist unendlich. Das starke Bewusstsein, dass die Person nicht mehr da ist, ist greifbar. Beim

Tod findet eine Trennung von zwei Dingen statt: die Trennung des Materiellen und des Nichtmateriellen. Wenn diese beiden Elemente nicht mehr zusammen sind, sprechen wir davon, dass ein Mensch tot ist. Wohin der materielle Teil von uns, der Körper, hingeht, wissen wir alle: ins Grab! Asche zu Asche, Staub zum Staube, Erde zu Erde. Das ist der stoffliche Teil des Menschen. Bei Beerdigungen weise ich immer darauf hin, dass in dem Holzkasten nur die Hülle des Verstorbenen ist. Mehr nicht. Und diese Hülle übergeben wir dann der Erde. Bleibt noch die Frage: Wo ist der immaterielle Teil des Menschen? Der Geist, die Seele? Das, was einen Menschen zu einem Unikat macht, zu einer Persönlichkeit. Sein Lachen, sein Lieben, seine Sprache, sein Gedächtnis, seine Schuld, seine Vergebung. Wir könnten die Liste des Immateriellen unendlich fortsetzen. Hat der Tote das bei seinem letzten Atemzug einfach in ein nebulöses Nichts ausgehaucht? Wer gibt hier eine fundierte Antwort?

Schauen wir wieder in Gottes Wort, in Prediger 12, Vers 7: *„Der Staub* (materielle Teil) *kehrt zur Erde zurück, so wie er gewesen ist“* – und jetzt hören Sie genau zu: *„Aber der Geist kehrt zurück zu Gott, der ihn gegeben hat!“* Und das bedeutet auch immer in den Verantwortungsbereich Gottes.

Machen wir das Gesagte noch einmal an einer biblischen Gegebenheit fest. Als Jesus Christus zu der toten Tochter des Jairus kommt, da ergreift er dieses Mädchen bei der Hand und spricht: *„Kind,* *steh auf!"* Und dann lesen wir: *„Und ihr Geist kehrte zurück und sogleich stand sie auf!"* (Lukas 8, Verse 54–55). Materielles und Immaterielles waren wieder verbunden. So weit die Fakten. Aber wo sind wir 5 Minuten nach unserem Tod?

Jesus Christus schiebt in einer Begebenheit in Lukas 16 den Vorhang vor dem Jenseits etwas beiseite und lässt uns einen kleinen Blick darauf werfen. Zwei Menschen werden uns vorgestellt, die etwas Gemeinsames verbindet: Sie sterben beide. Obwohl beide im Totenreich ihre Augen aufschlagen, sind sie an total verschiedenen Aufenthaltsorten. Der eine, ein Gottloser, wacht an einem Ort auf, wo er bereits Qualen leidet. Der andere, seine Name Lazarus, wacht geborgen im Schoß Abrahams auf. Es wird weiter deutlich, dass der Aufenthaltsort in der Ewigkeit in einem unmittelbaren Zusammenhang mit ihrem vorherigen Leben steht. Beide Männer bringen ihre Lebensgeschichte und ihre Lebensdevise mit in die Ewigkeit. Der Reiche seine Sorglosigkeit, seine Gleichgültigkeit, seine Unversöhnlichkeit und vielleicht auch seine Religiosität. Vor allem aber: seine ihn von Gott trennende Schuld. Lazarus dagegen ist frei von Schuld.

„Was passiert 5 Minuten nach dem Tod?" Jesus Christus macht uns hier etwas unmissverständlich deutlich: Wir nehmen unsere gesamte Persönlichkeit mit in die Ewigkeit: Denken, Fühlen, Wollen, Erinnerungen. All das gehört zum immateriellen Teil des Menschen. Beide Männer wussten auf der anderen Seite drei Dinge sofort und konkret:

erstens, wer sie waren; zweitens, in welchem Zustand sie waren; und drittens, wo sie waren!

Die Empfindungen des Reichen sind für ihn mehr als real, als er ausruft: *„Ich leide Pein in dieser Flamme!“* (Vers 24). Und Abraham spricht zu ihm: *„Gedenke doch an dein Leben!“* (Vers 25). Das heißt, der Verstorbene konnte an sein Leben auf der Erde zurückdenken. Wie viel Schuld, wie viele göttliche Einladungen zur Versöhnung werden jetzt vor ihm stehen – und das Fatale ist, er kann nichts mehr korrigieren, nichts mehr nachholen. Seinen Aufenthaltsort in der Ewigkeit kann er nicht mehr verändern, seine Gottlosigkeit nicht mehr ablegen, keine Entscheidung mehr treffen. Es gibt keine weitere Chance. Aber interessant ist: Der Mann beschwert sich nicht über seine Lage, in der er sich befindet. Die Qualen sind sehr real für ihn – aber er anerkennt die Gerechtigkeit Gottes. – Wenn Gott einen Menschen einmal aufgrund dessen Gottlosigkeit in die ewige Gottesferne schickt, wird sich der Mensch nicht beschweren, sondern die Gerechtigkeit Gottes anerkennen.

Und jetzt die Bitte des reichen Mannes an Abraham: *„Sende Lazarus, dass er meine Brüder warnt, dass sie nicht an diesen Ort kommen. Warne sie ernstlich …“* (Verse 27–28), setzt er noch einen drauf. Wieder wird deutlich: Das Ziel unserer Ewigkeit wird hier auf dieser Erde unwiderruflich festgelegt. Wenn ich Menschen beerdige, denke ich oft: Wenn der im Sarg vor uns liegende Tote jetzt einmal kurz ans Mikrophon treten könnte – welche

Botschaft hätte er? – Und jetzt die Anwendung! Wer sind seine Brüder? Nicht wir alle, die wir noch mitten im pulsierenden Leben stehen? Die Frage ist: Lassen wir uns noch warnen? Nehmen wir das Wort Gottes überhaupt noch ernst? Lassen wir uns unsere eigenen Gedanken bezüglich der Ewigkeit im wahrsten Sinne des Wortes noch durchkreuzen? Sind wir in der Lage, wie es der dänische Philosoph Kierkegaard einmal gesagt hat, noch einen neuen elementaren Gedanken zu denken?

Paulus schreibt über den Herrn Jesus, dass er durch seinen Tod *„dem Tod die Macht genommen und Leben und Unvergänglichkeit ans Licht gebracht hat durch sein Evangelium"* (siehe 2. Timotheus 1, Vers 10). Er, Jesus, *„der von keiner Sünde wusste, wurde für uns zur Sünde gemacht, damit wir die Gerechtigkeit würden, die vor Gott gilt"* (siehe 2. Korinther 5, Vers 21). Mit diesen Aussagen über Jesus Christus ist alles gesagt. Der Sündlose wurde für die Sünder bestraft. Und die Auswirkung könnte nicht größer sein. Jesus Christus nahm uns nicht nur die Sünde ab, sondern stattete uns mit seiner eigenen Gerechtigkeit aus, die allein im Himmel zählt. In der persönlichen Hinwendung zum Gekreuzigten empfangen wir nicht nur Sündenvergebung, sondern himmlische Gerechtigkeit. Es gibt nur einen Grund, warum Gott Menschen in den Himmel lässt: die Gerechtigkeit Jesu.

Kreuz ist Trumpf! Kreuz ist Trumpf! Kreuz ist Trumpf! Kreuz ist Trumpf! Kreuz ist

Am Kreuz scheiden sich im wahrsten Sinne des Wortes die Geister. Mir sagte ein Mann in einer Fußgängerzone, dem ich eine christliche Verteilschrift anbot: „Das Christentum muss endlich diesen Blutfleck aus seiner Verkündigung streichen!“ Die Botschaft des Paulus von der Torheit des Kreuzes (1. Korinther 1, Vers 18) ist uralt und modern zugleich. Dieses Folterwerkzeug passte damals wie heute nicht in das zeitgemäße und aufgeklärte Welt- und Menschenbild. Religion ist in. Nie war eine Gesellschaft toleranter gegenüber allen religiösen Strömungen und Anschauungen. Wir können über Gott diskutieren, meditieren, spekulieren, philosophieren, solange wir nicht den Gekreuzigten in das Zentrum unserer Predigt stellen – denn dann ist es vorbei mit der modernen Toleranz. Dann wird lauthals protestiert.

Mir sagte ein Lehrer während eines Gespräches: „Sie dürfen die Bibel nicht in den wörtlichen Feinheiten lesen und verstehen wollen. Sie müssen vielmehr die Bibel in ihrem meditativen und ethisch-moralischen Ansatz verstehen!“ Tagespolitik wird mit der Bibel betrieben. Politiker streuen gedankenlos biblische Aussagen in ihre Redeschlachten mit ein. Selbst die Werbung bedient sich biblischer Schlagworte. Auf allen Ebenen Verzerrung, Umdeutung bis hin zum spöttischen Wortspiel rund um die biblischen Aussagen. Und das Resultat? Gottes Heilsgedanken und sein Heilshandeln werden den Menschen immer fremder. Der Sohn Gottes wird aus der Mitte biblischer Verkündigung genommen und zu einem Statisten in einer multikulturellen und interreligiösen Welt herabgesetzt. Er wird einer unter vielen. Und in diesem Spannungsfeld bekommt das Kreuz seinen Platz. Sicher, das Kreuz besitzt noch eine gewisse Symbolkraft auf der Grundlage wohlwollender religiöser Akzeptanz, aber dem Gekreuzigten wird aufs Schärfste widersprochen. Kurzum: Das Kreuz wird personell entleert. Warum? Weil der Gekreuzigte ein Ärgernis ist.

Noch ein Kommentar aus der Fußgängerzone: „Man kann doch mir, einem aufgeklärten Menschen des 21. Jahrhunderts, eine solche Bluttheologie nicht mehr verkaufen! Einen liebenden Gott predigen, der sogar seinen eigenen Sohn auf schändlichste Weise verbluten lässt. Mensch, auf welchem Planeten leben Sie!" Was würden Sie einem solchen Menschen antworten? Es gibt nur eine Antwort! Und sie ist mit menschlicher Logik nicht zu begreifen. Diese einfache Antwort lautet: *„Gott war in Christus und versöhnte die Welt mit sich selbst!"* (2. Korinther 5,19). Gott liefert sich im Kreuzesgeschehen selbst und eigenhändig der menschlichen Willkür aus. Der Schöpfer des ganzen Kosmos

Kreuz ist Trumpf!

begibt sich in die Hände seiner Geschöpfe, und das mit dem Wissen, dass die Balken des Kreuzes und die Nägel schon bereitliegen. Gott nimmt im Himmel keine Zuschauerrolle ein, sondern ist mitten im Sterben seines Sohnes der, der Regie führt. Das Kreuz spricht in besonderer Weise von himmlischer Aktivität. Gerade im Kreuzesgeschehen lässt sich Gott im wahrsten Sinne des Wortes auf seine Liebe zu uns „festnageln". Der Gerichtshügel Golgatha vor den Toren Jerusalems widerspricht dem menschlich-religiösen Wunsch nach frommen Trimm-dich-Übungen. Hier am Kreuz geht es darum, sich gefallen zu lassen, was Gott für uns tut! Gott selbst demonstriert, wie das Allerschlimmste, was jemals auf diesem blauen Planeten Erde passiert ist, schließlich zum Besten und Größten wurde, was es je gegeben hat:

Sie und ich sind diesem gewaltigen und heiligen Gott seinen Sohn wert! Und es gibt nur eine einzige Motivation, warum Gott so handelte: seine unfassbare und bedingungslose Liebe zu uns Menschen.

Steigen Sie mit mir jetzt auf diesen Gerichtshügel Golgatha. Schauen Sie sich das Szenario an! Reihen Sie sich in die verschiedenen Gruppen der Schaulustigen. Treten Sie zu den religiösen Fanatikern, die in ihrem Tun sogar noch einen Dienst für Gott sehen. Sie waren es, deren Stimmen „Kreuzige ihn!" riefen und am lautesten in den Gassen Jerusalems gehört wurden. Gehen Sie weiter zu denen, die aus reiner Sensationslust hier stehen und die Gekreuzigten senationslüstern oder auch verschreckt angaffen. Sie haben keine Meinung, sie haben keine Ahnung. Natürlich, Fanatiker wie die Schriftgelehrten sind sie nicht, eher vornehm, distanziert, religiös. Man soll es ja nicht übertreiben.

Beobachten sie das Treiben der römischen Soldaten, für die das barbarische Kreuzigen schon längst Routine ist. Mitleid verträgt sich nicht mit ihrer Rohheit. Was sie interessiert, sind die Habseligkeiten des Gekreuzigten. Genau deshalb haben sie die Würfel mitgebracht. Während der Gott im Himmel ihre Sünden zählt, zählen sie die Augen der Würfel, um festzustellen, wer gewonnen hat und die Kleider der Gekreuzigten bekommt.

Gehen Sie einige Schritte weiter und sehen Sie die verängstigten Blicke der Männer und Frauen, die Jahre mit Jesus unterwegs waren. Sie sind am Boden zerstört. Furchtsam sind sie auf sichere Distanz gegangen. Hören Sie ihre tuschelnden Worte hinter vorgehaltener Hand. Das, was sie hier sehen, passt nicht in ihre Hoffnungen und Träume. Den Thron sollte ihr Meister Jesus Christus einmal besteigen und die Römer aus dem Land jagen. Und jetzt dieser unerwartete Ausgang. Ihre Hoffnung, ihre Zukunft hängt mit weit ausgebreiteten Armen festgenagelt am Kreuz. Damit hatten sie nicht gerechnet.

Begehen Sie jetzt nicht den Fehler, diesen Richtplatz zu verlassen, ohne einen Blick auf die letzte Gruppe von Menschen zu werfen. Sie passen so ganz und gar nicht an diesen Ort; sehen zudem noch völlig anders aus. Fallen sogar aus dem Rahmen. Keine gaffenden Blicke, sie schreien keine religiösen Parolen, tragen kein Schwert. Nein, es sind Menschen wie du und ich. Menschen unseres Jahrhunderts. Modern, tolerant, aufgeklärt. Sie gehen unter dem Kreuz ihren Geschäften nach. Leben ihr Leben. Was hier abläuft, ist ihnen völlig egal. Sie nehmen es noch nicht einmal wahr. Sie sind völlig gleichgültig. „Wissen Sie", sagt einer von ihnen. „Gibt es Jesus, dann ist es ja gut - und gibt es ihn nicht, dann ist mir das auch egal!"

Könnten wir jetzt am Kreuz auf die Augenhöhe Jesu gehen, dann würden wir, wie Jesus, Menschen mit all ihrer Schuld und Verlorenheit sehen. Menschen mit Zweifeln und Gebundenheiten, mit Bitterkeit, Verwundungen, Rohheit, intellektueller Überheblichkeit, Religiosität und völliger Gleichgültigkeit. Und genau für solche Menschen wie Sie und mich hat sich der Himmel geöffnet und das Größte, Herrlichste und Reinste geschickt, das uns der Vater schenken kann, seinen Sohn. Und als Jesus Christus in unsere Welt kam, da kam er nur mit dieser einen Bestimmung: am Kreuz für unsere Sünde zu sterben, denn das Kreuz ist der Preis für unseren Ungehorsam. Deshalb reicht es nicht aus, wenn wir das Kreuzesgeschehen nur zur Kenntnis nehmen oder vielleicht sogar wohlwollend akzeptieren. Dieses Kreuz ist Ihres und mein Kreuz. Aber dieses Kreuz zeigt auch den, der an unserer Stelle den Platz dort eingenommen hat. *„Vater, vergib ihnen, denn sie wissen nicht, was sie tun!"* (Lukas 23, Vers 24).

Das ist die Antwort Gottes auf unsere Autonomie. "Vater, vergib ihnen!", das ist himmlische Gnade. „Vater, vergib ihnen!" um meinetwillen. Denn Gnade braucht einen Handlungsgrund! Göttliche Gnade ist keine leere Phrase. Kein Nebensatz! Das Wort Gnade hält dem Härtetest stand. Kann hinterfragt werden. Hat ein Fundament. Göttliche Gnade ist Handeln Gottes im Sohn. Und die Grundlage dieser Gnade lässt sich mit einem einzigen Wort auf den Punkt bringen: Liebe - zu uns verlorenen Sündern! Erahnen wir etwas von dieser Liebe Gottes? Liebe setzt nicht die Gerechtigkeit Gottes außer Kraft. Gnade hat einen Preis, einen gewaltigen und für Menschen unbezahlbaren Preis. Und weil das so ist, bezahlt Gott selbst.

Treten wir noch einmal vor das Kreuz. Schauen Sie jetzt um Gottes Willen nicht nach rechts oder links. Warum? Das Geschehen am Kreuz gilt zwar der ganzen Welt. Johannes hat es auf den Punkt gebracht, als er im Blick auf den Herrn Jesus ausrief: *„Siehe, das Lamm Gottes, das die Sünde der Welt trägt!"* (Johannes 1, Vers 29). Man könnte sagen, eine alles umfassende Errettung. Aber - und jetzt wird es zentral: Sie muss persönlich erfahren werden. Deshalb sehen Sie den Gekreuzigten an! Es geht ihm ganz persönlich um *Sie*. Ihn bewegt *Ihre* Geschichte, *Ihre* Persönlichkeit, *Ihre* Schuld, *Ihre* Verlorenheit. Sie sind für Jesus Christus kein unpersönliches, sächliches Rettungsobjekt, sondern eine von ihm geliebte Persönlichkeit! Gäbe es nur *Sie* auf diesem blauen Planeten, Jesus wäre ganz alleine für *Sie* gekommen. Errettung, nach

Hause kommen, Identität finden, ist etwas zutiefst Persönliches. Ich zitiere wieder Johannes: *„So viele* ***ihn*** *aber aufnahmen, denen gab er das Recht, Kinder Gottes zu werden"* (Johannes 1, Vers 12). Und in 1. Johannes 3, Vers 1, lesen wir: *„Seht, welch eine Liebe uns der Vater gegeben hat, dass wir Kinder Gottes heißen sollen. Und wir sind es!"* Gerade die letzte Zusage beinhaltet alles. *„Seht"*, schreibt Johannes, und hier führt er seine Leser direkt unter das Kreuz. *„Seht, welch eine Liebe uns der Vater gegeben hat!"* In diesem Versabschnitt pulsiert das Herz Gottes. Sein Geschenk der Liebe im Sohn.

Ich habe zu Hause eine Postkarte mit dem Satz: „Wer den Herzschlag Gottes fühlen will, muss das Holz von Golgatha berühren!" Hier am Kreuz schlägt in der Tat das Herz Gottes.

Gebet

Lieber Leser, vielleicht sehnen Sie sich ebenfalls nach einer persönlichen Beziehung zu GOTT? Dann seien Sie herzlich eingeladen, folgendes Gebet zu sprechen:

"Herr Jesus Christus,

Du hast mich gerufen und ich habe Deinen Ruf gehört. Hier bin ich. Danke, dass Du mich über alle Maßen liebst!

Ich war nicht an Dir interessiert und bin meine eigene Wege gegangen, doch Du hast mich nie aufgegeben.

Ich habe nun erkannt, dass Du Christus bist, der Sohn des lebendigen Gottes. Ich brauche dich und will mit dir leben.

Ich bekenne Dir, dass ich schuldig geworden bin und bitte Dich: Vergib mir meine Schuld.

Danke, dass du am Kreuz für meine Sünden gestorben bist!

Ich übergebe dir mein Leben mit allem was ich bin und habe, zudem alle meine Sorgen, Beschwerden, Krankheiten und Schmerzen.

Danke, dass Du einen Plan und ein Ziel für mein Leben hast. Von nun an möchte ich Dir ganz gehören. Übernimm jetzt die Herrschaft in meinem Leben und gestalte mich so, wie du mich haben willst. Zeige mir meinen Platz und meine Aufgabe in Deiner Gemeinde.

Ich verlasse mich darauf, dass Du in meinem Alltag bei mir bist und ich Deine Hilfe jederzeit in Anspruch nehmen darf.

Danke für alles, was Du bereits für mich getan hast und noch weiter tun wirst.

AMEN"

"Wenn ihr mich etwas bitten werdet in meinem Namen, so werde ich es tun." (Johannes 14,14)

Ein Angebot zum Schluss
Wenn Ihnen dieses Buch eine Hilfe war oder Sie das Angebot Gottes in Jesus Christus persönlich angenommen haben, dann schreiben Sie mir bitte. Ich möchte Ihnen ein Buch schenken mit dem Titel: „Ich hab's gewagt! Ich bin Christ geworden, was nun?" Darin finden Sie einige gute Tipps, wie es für Sie weitergehen kann.

Christliche Verlagsgesellschaft mbH
z. Hd. Rudolf Gerhardt
Moltkestraße 1
D-35683 Dillenburg

Was, wenn im Leben alles einmal so gut angefangen hat, man aber plötzlich auf dem Abstellgleis steht?

Leben ist letztlich Sehnsucht. Sehnsucht nach Erfüllung und Geborgenheit. Sehnsucht nach Sinn, Würde und Identität. Sehnsucht nach einem glücklichen Ende. Aber unser Leben ist auch eingebunden in die raue Realität des Alltags und muss sich den Widerwärtigkeiten und dem alltäglichen Trott stellen.

In diesem Buch geht es um die Fragen nach dem Sein und dem Sinn unseres Lebens. Gibt Gott uns Antwort darauf? Kann der, der das Leben geschaffen hat, uns Sinn und Halt und auch ein gutes Ende schenken?

Rudolf Gerhardt, Jhrg. 1951, verheiratet, drei erwachsene Söhne, ist als Seelsorger und Evangelist quer durch Deutschland unterwegs. Durch seine vielen Begegnungen ist er mit den aktuellen Fragen und Nöten der Menschen in unserer Gesellschaft vertraut.

9783894365806

ISBN 978-3-89436-580-6

www.cv-dillenburg.de

Christliche Verlagsgesellschaft mbH

Kompetent. Profiliert. Engagiert.